나는 진실로 행복한 사람

나는 진실로 행복한 사람

발행일	2016년 10월 12일

지은이	홍 예 숙		
펴낸이	손 형 국		
펴낸곳	(주)북랩		
편집인	선일영	편집	이종무, 권유선, 안은찬, 김송이
디자인	이현수, 이정아, 김민하, 한수희	제작	박기성, 황동현, 구성우
마케팅	김회란, 박진관		
출판등록	2004. 12. 1(제2012-000051호)		
주소	서울시 금천구 가산디지털 1로 168, 우림라이온스밸리 B동 B113, 114호		
홈페이지	www.book.co.kr		
전화번호	(02)2026-5777	팩스	(02)2026-5747

ISBN	979-11-5987-196-2 03230 (종이책)　979-11-5987-197-9 05230 (전자책)

이 도서의 국립중앙도서관 출판예정도서목록(CIP)은 서지정보유통지원시스템 홈페이지(http://seoji. nl.go.kr)와 국가자료공동목록시스템(http://www.nl.go.kr/kolisnet)에서 이용하실 수 있습니다. (CIP제어번호 : CIP2016024483)

(주)북랩 성공출판의 파트너

북랩 홈페이지와 패밀리 사이트에서 다양한 출판 솔루션을 만나 보세요!

홈페이지 book.co.kr	1인출판 플랫폼 해피소드 happisode.kr
블로그 blog.naver.com/essaybook	원고모집 book@book.co.kr

나는 진실로
행복한 사람

홍예숙 지음

행복해지고 싶은 모든 이들에게

북랩 book Lab

들어가는 말

저를 통해서 일하시고 앞으로도 더 위대하게 저를 들어 쓰실 하나님을 기대하며 찬양하는 마음으로 조심스레 저의 삶을 한번 펼쳐 봅니다.

사랑하는 독자 여러분!

인생을 살아가면서 하루의 삶 속에서 느끼는 감사는 몇 퍼센트나 되십니까? 그리고 절망의 순간순간에 무엇이 가장 절실하게 생각나십니까? "인생은 그 날이 풀과 같으며 그 영화가 들의 꽃과 같도다." 하신 말씀이 생각납니다.

하나님을 제일로 여기며 살아가는 인생, 하나님이 있으신 것 같기도 하고 없으신 것 같기도 하다며 살아가는 인생, 하나님이 어디 있어 하며 살아가는 인생. 다양한 인생의 삶 속에서 우리가 한 번 꼭 느껴 봐야 할 것이 있다면 지금도 이 다양한 사람들을 위해 일하시는 하나님의 크신 사랑일 것입니다.

저는 느꼈습니다. 보았습니다. 저로 하여금 간절히 찾게 하셨습니다. 저의 인생에 감사가 터져 나오게 하신 분이 계십니다. 홀로 있다고 느끼며 울고 있을 때, 조용히 찾아와 제 눈물 닦아 주신 분. 절망의 순간으로 느껴질 때, 좌절할 수밖에 없는 저에게 소망과 축복으로 찾아와 주신 분. 감사의 조건이 느껴질 때, 더 큰 감사함으로 화답케 하신 나의 예수님. 그분을 감히 이 작은 책자에 조심스레 펼쳐 보이고자 합니다. 건강으로 화답해 주셨습니다. 구할 때 응답해 주셨습니다. 어디서나 꼭 필요한 자 되게 하셨습니다. 마치 우리의 인생에 그분이 꼭 필요하듯….

사랑하는 독자 여러분!

저를 만나 주신 하나님, 저를 통해 일하시는 하나님, 지금 당신을 통해서도 일하시기를 원하십니다. 마음 문을 활짝 하나님께 열어보세요. 그분을 놀랍게 체험하게 되실 것입니다. 저의 인생도 그러했기 때문입니다. 주님의 이름으로 사랑합니다.

이 책은 2009년 고즈윈 출판사를 통하여 처음 출간되었습니다. 많은 분이 책을 통하여 은혜를 받았고 제가 인도하는 치유집회에 직접 찾아오기도 하였습니다. 출판사와 계약이 만료되어 절판되었는데 책의 재출간을 요청하시는 분들이 많아 이전의 내용 그대로 재출간하게 되었습니다. 제가 섬기는 대망교회는 2013년 서울에 지성전을 개척하였습니다. 약 80여 명의 교우들과 가족들이 동역하기 위해 부산에서 서울로 올라왔습니다. 또 하나의 기적이었습니다. 이후에 하나님께서 행하신 일들은 다음번 책에서 전해드리겠습니다.

2016년 10월
홍예숙

차 례

내게 찾아와 주신
하나님

산꼭대기에서 기도하는데도 겁나는 것도 없었고 추운 것도 몰랐습니다. 성치
못한 다리로, 평지에서도 잘 걷지 못하는 그 다리로 정상인도 잘 오르지 못하
는 산꼭대기를 올라다니기 시작했습니다. 그렇게 산에 올라가면 하나님께서
겁나게 기도를 시키셨습니다.

예수님을 닮은 이름

　한 사람에 대해 사람들이 보는 시각과 느끼는 감정은 다 다릅니다. 저를 보는 눈길들도 다 달랐습니다.

　저는 누가 보아도 예수님을 잘 섬기는 행복한 가정에서 태어났습니다. 그렇기에 하나님의 크신 뜻을 이루며 살아가야 할 건강한 딸이어야 했습니다. 저의 아버지는 고신교단 교회 장로님이셨습니다. 당시 그 교회를 다니는 교인들은 조금만 집에 좋지 않은 일이 생겨도 죄 때문이라고 생각했습니다. 그런 이유에서 저는 우리 집에 없는 딸이었습니다. 아니 없어야 할 딸이었습니다. 부모님은 너무나 충성스럽게 신앙생활을 하셨지만 저와 같은 장애인 딸이 있다는 것을 굳이 밝히지 않으셨습니다. 저의 부모님은 온 교회에 덕이 되지 않을까 봐 저를 사람들에게 자신 있게 소개하지 못하셨습니다.

　점점 세월이 가면서 저와 저의 형제간의 위치와 봉사하는 생활도 달라야만 했습니다. 저는 교회에 가는 것보다 가기 싫은 마음이 많았습니다. 그러했기에 저의 존재는 교회에서 없어도 찾지 않는, 있으나 마나 한 존재가 되어 가고 있었습니다. 새로 부임하는 목사님조차 제가 장로 집 딸이라는 것을 모를 정도였습니다.

저는 저희 집의 우렁각시였습니다. 사람들이 있을 때는 보이지 않고 사람이 없을 때 나타나 일하는 우렁각시. 콩쥐팥쥐를 봐도 제가 생각났고 우렁각시를 봐도 제가 생각났습니다. 교회에서도 제게는 할 일이 없었습니다. 아프다고 배려를 해서 "너는 아프니까 가만히 있어."라고 말했지만 제 속마음은 너무나 찬양을 하고 싶었고 봉사하고 싶었습니다.

저를 임신했을 때, 어머니는 병원에 가셨다고 합니다. 생리를 안 하고 음식을 먹으면 올라오고 해서였습니다. 병원에서는 임신이 아니라고 했습니다. 그리고 약을 주었습니다. 어머니는 느낌에 속이 꿈틀꿈틀하는 것이 임신 같은데 병원에서 아니라고 하니 그 말을 믿을 수밖에 없었습니다. 계속해서 약을 먹고 통원치료를 하셨다고 합니다.

증세가 호전되지 않자 아버지는 좀 더 독하게 약을 쓰자고 하셨습니다. 약은 점점 독해졌습니다. 그러다가 어머니는 약을 먹는 척하고 버리기 시작했습니다. 임신이라고 느끼셨기 때문입니다. 그리고 몰래몰래 음식도 먹었습니다. 그러니 힘이 나고 눈이 떠졌습니다. 아버지와 싸우면서까지 병원에 가지 않으셨습니다.

9개월째 되니까 병원에서 임신이라고 했습니다. 워낙 먹은 것이 없으니 배는 부르지도 않았습니다. 병원에서 낙태를 하라고 했는데 그래도 낳으셨습니다. 아기를 낳아 보니 너무나 작았습니다. 아기는 약에 찌들어서 노랗다 못해 절여진 상태로 태어났습니다.

병원에 가니까 또 약을 주었습니다. 황달을 없애야 한다고 했습니다. 약에 찌든 아기에게 또 약을 처방하여 먹였습니다. 배 속에서도 약을 먹었고 태어나서도 약을 먹었습니다.

아버지는 그때 공무원 진급시험을 준비하시는 중이었습니다. 저를 낳고 나서 어머니가 의식을 잃으셨습니다. 그 당시 아버지는 교회를 나갔다 안 나갔다 하셨습니다. 그런데 저를 낳자마자 회개하시고 지금까지 새벽기도회에도 빠지지 않고 열심히 교회를 다니고 계십니다.

제 이름을 예숙이라고 지었습니다. 예수님과 비슷한 이름입니다. 저를 보면 예수님 생각이 나고 예수님과 가까워진 계기가 되었기에 그렇게 지으신 것입니다. 비록 너무나 작은 아기였지만 아버지는 특별히 사랑하셨습니다.

진급시험 공부하면서 옆에 아기를 두었습니다. 그리고 병원에서 처방해 준 약을 먹였습니다. 그런데 처방해 준 양보다 더 많이 먹였습니다. 더 많이 먹이면 빨리 나을 거라고 생각하셨기 때문입니다.

몇 주 지나니까 약에 취해 아기의 혀가 안으로 말려 들어갔습니다. 아기가 울지도 못하고 있자 옆집 아주머니가 아이가 곧 죽을 것 같은데 옆에서 죽으면 눈에 밟히겠다고 하시면서, 어머니가 주무실 때 어디론가 데려가 버렸습니다. 그러다 며칠 뒤 화장실을 가시던 어머니가 언뜻 들려오는 소리에 걸음을 멈추고 소리 나는 곳으로 몸을 돌리셨습니다. 헛간이었는데, 찾고 찾던 아기가 거기 있었습니다.

약에 취해 있던 아기가 며칠 동안 약을 먹지 않아서인지 울음이 다시 돌아오고 허기에 지친 모습으로 놓여 있었다고 합니다. 아기를 데려와 젖을 먹이니 젖도 다시 빨고 울음소리도 나고 힘도 조금 있어 보이고, 회복되는 기색이 보였습니다.

그런데 너무 독한 약을 많이 먹어서였을까요? 젖을 먹이던 중 아기의 목에서 손바닥 길이만 한 힘줄이 빠져나왔습니다. 그렇지만 병원 갈 생각은 하지 않은 채 그대로 키웠다 합니다. 그때부터 저의 몸은 균형이 잡히지 않았고, 목은 힘이 없었습니다. 아이는 자꾸 옆으로 쓰러졌습니다. 지금 같으면 힘줄이 빠졌으면 병원에라도 가보았을 텐데 언제 죽을지도 모르니까 일단 살 때까지만 데리고 있을 생각이었던 모양입니다.

아기는 죽지 않고 살아서 움직이기 시작했습니다. 하지만 여덟 살이 되어서도 제대로 걷지도 못했고 원하는 대로 움직이지도 못했습니다. 그러나 아홉 살이 되자 초등학교에 입학해야 했습니다. 동생이 다음 해에 초등학교에 입학해야 했기 때문입니다.

게다가 초등학교 교육은 의무교육이었기 때문입니다.

학교에 입학했습니다. 그렇지만 온전히 걷지 못했습니다. 몸에 힘이 없어서 자꾸만 넘어졌습니다. 그래도 열심히 다녔습니다. 친구도 사귈 수 있었고, 내 교실도 있었고, 내 자리도 있었고, 처음으로 내 것이 있다는 것을 느꼈기 때문입니다. 우리 것이 아닌 내 것….

열심히 공부했습니다. 그러나 집에서는 공부보다 신앙이 우선이었습니다. 그래도 저는 교회보다 학교가 좋았습니다. 비록 친구들이 진정한 마음으로 대해 주지는 않았지만, 공부하면서 선생님께 칭찬도 받았고 시험 결과에 따라 친구들도 많아졌기 때문입니다.

점점 교회 가는 게 싫어지고 학교 가는 게 좋았습니다. 비록 저 혼자의 힘으로는 가방조차 들 수 없는 등굣길이었고 한 발 한 발 뗄 때마다 자꾸만 넘어져서 무릎에 피가 나 신발에 고였지만 전 좋았습니다. 교회에 가면 제가 할 일도, 있을 곳도 없었지만 학교는 그렇지 않았습니다.

그런 저를 바라보는 부모님은 무척이나 안타까웠던 모양입니다. 부모님은 신앙과 믿음이 확고하셨습니다. 하나님 중심, 교회 중심으로 사시는 분들이었기 때문에 교회 봉사가 우선이었고, 교회 생활이 기본이 되어야 했습니다.

저희 집은 당시 거룩하고도 거룩한 고신교단 장로 집으로서 저를 제외한 모든 식구들이 교회의 일꾼들이었습니다. 누가 봐도 저희 가정은 복되고 즐거운 축복받은 예수님을 섬기는 가정이었습니다. 저를 제외한 모든 가족들이 믿음으로 기도하며 살았습니다. 모든 사람들이 부러워하는 가정이었습니다.

그런 까닭에 사람들이 심방 올 때 저는 이 가정에 없는 존재였습니다. 제 자신도 예수 믿는 사람들 앞에 나서기 싫었습니다. 저의 존재는 교회에서 점점 멀어져 갔습니다. 잊혀 갔습니다. 제가 잊힘으로써 우리 가정은 더 돋보였습니다. 복 받은 가정, 예수님께서 쓰시는 가정…. 이런 상황에서 부모님은 저를 위해 더 많이 기도하신 것 같습니다. 어머니는 밤이 되면 교인들의 눈을 피해 저를 업고 밖으로 데리고 다니셨습니다.

아홉 살이 되어 학교를 다닐 때부터 저는 일찍 철이 든 것 같습니다. 점점 학교생활에 어려움이 느껴지기 시작하였습니다. 친구들이 아픈 제가 공부 잘하는 것을 시기했고, 무슨 말을 할지라도 다 들어주시는 선생님의 배려에 따돌림으로 저를 대하기 시작하였기 때문입니다. 저에게 잘 대해 주는 친구들도 있었지만 일부 잘 대해 주지 않는 친구들의 시선이 저에게는 더 따갑게 느껴졌습니다. 공부도 싫고 교회도 싫고 세상도 싫어졌습니다.

'내가 이렇게 살아 가지고 뭘 할까? 부모님한테도 없으면 좋을 존재고, 우리 형제자매한테도 그렇고.'

지금 생각해 보면 그때 그 마음이 저로 하여금 기도하게 만든 것 같습니다. 그때는 제가 만나 보지 못한 하나님께 기도했지만, 나름대로 열심히 하나님을 찾았던 것 같습니다. 하지만 열심히 찾은 하나님은 교회에도 안 계셨고, 학교에도 안 계셨습니다. 제가 믿는 하나님은 저희 가족의 하나님이셨을 뿐입니다. 부모님과 형제들의 하나님은 계신 것 같았지만 제 하나님은 그 어디에도 계시지 않았습니다.

교회에 가도 제게는 할 일이 없었습니다. 목사님이 사도신경으로 예배를 시작하시면, 저는 가지고 들어간 주보에 목사님 얼굴을 그리기 시작합니다. 얼굴을 다 그리고 나면 집에 갈 시간이 됩니다.

'너그들이나 아멘 많이 해라.'

주일에 교회에 가지 않으면 밥을 얻어먹을 곳이 없었습니다. 온 가족이 교회에서 봉사하고 있었기 때문입니다. 예배라도 드리고 교회에 있어야, 묻어서 같이 밥을 먹고 집에 올 수 있었습니다. 기도하는 척이라도 해야 예뻐했습니다. 그래서 저는 수없이 척하는 믿음으로 살아갈 수밖에 없었습니다.

그러나 척하는 사람이 어떻게 하나님을 만날 수 있겠습니까? 제게 반항기가 오니까 어머니께서는 저를 감당하실 수가 없었습니다. 저는 고집이 셌습니다.

"나는 교회 안 가요."

철들기 시작하면서 반항기도 함께 왔습니다. 하나님께 대한 원망도 생겼습니다.

머리를 길게 기르고 있었는데, 어머니께서는 늘어뜨려진 머리카락을 제가 감당하기에 힘들다고 여기셨는지 짧은 커트머리로 바꾸어 주셨습니다. 미장원 아주머니의 가위질 소리가 마치 저의 목을 조르는 것 같았습니다. 순식간에 그 긴 머리카락이 바닥에 와르르 흘러내렸습니다. 한순간에 전혀 다른 모습으로 바뀌어 버린 저의 모습을 저는 감당하기 힘들었습니다. 무서운 세상처럼 순식간에 바뀌어 버린 머리 모양은 제 마음을 잔뜩 조여 왔습니다.

그래서 머리카락을 도로 붙여 달라고 떼쓰면서 이틀이나 울었습니다. 이것은 그때 저의 자아와 고집과 아집이 얼마나 감당할 수 없을 정도였는지를 알 수 있는 사건이었습니다. 정말 이틀을 꼬박 울었습니다. 어머니는 저를 달래 보기도 하시고, 옷을 사주기도 하시고, 야단을 치기도 하셨는데, 그러면 그럴수록 저는 제 자신의 아집과 고집이 더욱 강해짐을 느꼈습니다.

어머니께서는 처음으로 회초리를 드셨습니다. 회초리가 세 개나 부러졌습니다. 그러나 울음소리는 더욱 커졌을 뿐입니다. 교회도 가지 않았습니다. 학교 가는 것도 소홀히 했습니다. 오로지 터져 나오는 건 내 머리카락 붙여 달라는 한마디. 저도 제 자신을 감당할 수 없었습니다.

어린 나의 집, 기도원

그때부터 어머니는 저를 살살 달래서 기도원에 데리고 가기 시작하셨습니다. 그런데 소문이 났던 모양입니다. 목사님이 "기도원에 가지 마시오."라고 예배시간에 광고하셨습니다. 당시 고신교단 교회에서는 기도원에 가는 것에 대해 부정적이었습니다. 고신교회는 굉장히 보수적이었습니다. 기도원 간다는 소문이 나자 어머니께서는 저를 기도원 원장님께 맡겨 놓고 홀로 집으로 돌아가시곤 하였습니다. 어머니까지 기도원에 오래 있으면 교회에서 알까 봐 일찍 집으로 가신 것입니다. 저를 기도원에 부탁해서 맡기고 저 모르게 내려가시곤 하였습니다. 어머니 입장에서는 너무나 가슴이 아팠을 것입니다.

처음에는 일주일 정도 기도원에 있었습니다. 학교 가는 것이 문제였습니다. 학교에 가야만 했기 때문입니다. 한 일주일 결석하고 나니 학교가 그리워졌습니다. 기도원이 싫었습니다. 엄마도 보고 싶고, 언니들도 보고 싶어 원장님께 떼를 쓰곤 했습니다. 그러면 다음 날에는 반드시 어머니가 오십니다. 집으로 갑니다. 학교에 갑니다. 생각보다 좋지는 않았지만 교회보다는 학교가 좋았습니다.

그러던 어느 날, 어머니께서 "너 이번에는 오래 있어도 돼. 기도하고 원장님 말씀 잘 듣고 기도원에 오래 있다 오자."라고 말씀하셨습니다. 그 말에 저는 마음을 다쳤습니다. 속으로 말했습니다.

'엄마도 나 싫어?'

어머니께서는 내 속을 보신 듯이 "엄마는 너 사랑해. 하지만 하나님이 널 더 사랑해." 하시며 "하나님 한번 만나 봐."라고 말씀하셨습니다. 이 한마디에 이유는 모르겠지만 눈물이 아주 많이 났습니다.

"그런데 왜 엄마는 날 기도원에 갖다 놔? 학교도 가야 하는데…."

선생님께서 제 몸이 안 좋기 때문에 의사 선생님의 소견서만 끊어 오면 결석이 안 된다고 하신 모양이었습니다. 마침 학교도 싫증나던 차였기 때문에 잘됐다 싶었습니다. 어머니와 같이 가는 기도원은 너무너무 좋았습니다.

그런데 날이 갈수록 어머니의 얼굴은 기도원에서 빨리 사라졌습니다. 그러다 보니 어느새 기도원이 제 집인 것처럼 돼 버렸습니다. 기도원에 오시는 분들이 다 아는 척을 했습니다. 제가 주인인 양 제 얼굴이 안 보이면 저를 찾았습니다. 맛있는 것을 가져다주는 분도 많이 생겼습니다. 기도원의 귀염둥이가 되었습니다. 옷도 갖다 주고, 학용품도 갖다 주고, 읽을 동화책도 갖다 주고, 마치 공주인 듯 저는 착각하고 살 정도였습니다. 엄마 생각도 나지 않았습니다.

기도원 원장님을 비롯한 많은 이들은 은혜 받는 데 마음이 다 가 있었습니다. 그렇기에 기도원으로 찾아온 것입니다. 하지만 저는 달랐습니다. 그저 시간만 가라 하며 어떻게 하면 놀 수 있을까, 예배 참석 안 할 수 있을까 궁리하였습니다. 어린 마음에 별생각을 다해 보았습니다. 그렇지만 뾰족한 수는 없었습니다.

그렇게 지내던 어느 날, 제 눈에 띄는 한 아저씨가 있었습니다. 예배시간인데도 참석하지 않는 것입니다. 굉장히 자유분방하고 재미있어 보였습니다. 사실 나이가 좀 많이 드신 할아버지셨습니다. 그러나 저는 가까워지기 위해서 잘 보이려고 듣기 좋게 할아버지가 아닌 아저씨로 불렀습니다. 그래야 저를 귀여워해 줄 것 같았습니다. 저하고는 너무 잘 맞았습니다. 와! 기분이 좋았습니다. 점점 기도원이 진짜 재미있는 곳으로 인식되어 갔습니다. 비질도 재미있고, 가축 기르는 모습도 재미있어 보였고, 배추, 무, 고추 등 채소 기르는 것도 좋아 보였습니다.

아저씨와 점점 가까워졌습니다. 저는 기도원에서 일하는 아저씨인 줄 알았습니다. 그런데 원장님이 이 아저씨한테만은 속삭이듯 둘만의 이야기를 했고, 못 이기는 분위기였습니다.

'와! 아저씨 힘세다.'

저는 이 아저씨한테 잘 보이기로 마음먹었습니다. 왜냐고요? 아저씨가 기도원 밑에 트럭을 몰고 시장 보러 가실 때면 가끔 저를 태우고 가셨습니다. 그런 날은 예배에 빠져도 원장님께서 야단치지 않으셨습니다. 이만하면 얼마나 대단한 백입니까? 가끔 원장님 몰래 아저씨하고 눈짓으로 말하며 닭도 잡아먹었습니다.

"아저씨 닭 맛있죠?"

그러면 아저씨는 "맛있니? 먹고 싶을 땐 언제든지 얘기하려무나."라고 말했습니다. 퉁명스러운 듯한 목소리였지만 아저씨의 눈길에는 가득한 사랑이 담겨 있었습니다. 고구마도 물 데우기 위하여 지피는 아궁이 불에 많이 구워 먹었습니다. 아저씨 몰래 많이 구워 먹으려고 고구마 한 박스를 다 부어 버린 적도 있습니다. 난리가 났습니다. 온 기도원이 연기와 고구마 타는 냄새로 진동을 했습니다. 그 큰 가마솥을 들어내고 활활 타는 아궁이의 불을 물로 꺼야만 했습니다.

저는 한마디로 안 보이면 무슨 사고를 칠까 염려가 되는 사고 뭉치였습니다. 원장님께서는 마음을 단단히 먹은 모양이었습니다. 저를 철저히 챙기셨습니다. 필히 따라다니셨습니다. 사고뭉치였으니까요. 그래도 잘해 주시는 편이었습니다. 제가 사고 치는 것에 비하면 칭찬도 많이 해 주었습니다.

"왜 이렇게 잘해 주지?"

원장님께서 들으시고 "너 은혜 받고 하나님 만나라고." 하셨습니다. 이 말씀 한마디에 저는 꼼짝없이 매번 집회에 참석해야만 했습니다.

몇 주가 지났습니다. 장난기가 또 발동했습니다. 원장님이 많이 울어야 하나님을 만날 수 있고, 울면 기도줄이 잡힌다고 말씀하셨습니다. 그런데 눈물이 나지 않았습니다. 그냥 멀뚱멀뚱했습니다.

원장님께서 나가시면서 "오늘 저녁에는 성전에서 자거라. 그러면 사무엘처럼 하나님이 만나 주실지도 몰라. 눈물 뿌려 기도하려고 한번 애를 써 보렴."이라고 말씀하셨습니다.

성전에 조금 앉아 있었는데 번뜩이는 생각이 떠올랐습니다. 수건 하나를 챙겨서 얼른 수돗가로 내려갔습니다. 그 수건을 물에 적셨습니다. 그러고는 수건의 물기를 짜지 않은 채 기도원 성전에 가지고 들어갔습니다. 물을 제가 앉은 자리 앞에 짰습니다. 눈물이 많이 난 것처럼 보이기 위해서였습니다. 바닥에 짜낸 물을 제 눈에도 찍어 발랐습니다. 옷에도 뿌렸습니다. 눈물이 굉장히 많이 난 것 같았습니다. 홍수가 난 것 같았습니다.

원장님께 보이고 싶었습니다. 창 쪽을 보고 "주여!"라고 고함을 쳤습니다.

"주여! 주여! 주여!"

몇 번을 불렀습니다. 아주 크게 불렀습니다. 웬일입니까? 이 부름에도 아버지께서는 저의 마음에 노크해 주셨습니다. 저도

제1부_ 내게 찾아와 주신 하나님   23

모르게 갑자기 마음이 뭉클해졌습니다. 정말로 눈물이 핑 돌았습니다.

그로부터 얼마 뒤 기도원 원장님과 아저씨가 왜 저에게 특별히 잘해 주시는지 이유를 알게 되었습니다. 아저씨는 원장님의 남편이었습니다. 그리고 원장실의 깊숙한 골방에는 아들이 있었습니다.

기도원의 일을 특별히 도와주는 사람 이외에는 아들이, 그것도 병든 아들이 있다는 사실을 아무도 몰랐습니다. 지금 생각해 보면 자폐증을 가지고 있었던 것 같습니다. 그러했기에 원장님은 그토록 눈물 뿌리며 기도해야만 살 수 있었던 것입니다.

저희 부모님도 저를 위해서 이렇게 애절하게 기도하고 계셨으리라 확신합니다. 자녀를 위한 부모의 기도는 정말 대단한 것입니다. 이 기도가 있기에 저와 여러분이 하나님의 축복 속에 살아가고 있음을 확신합니다. 부모님이 예수님을 믿지 않는 경우시라면 독자 여러분이 영적 부모로 가정에 세워지기를 소망합니다. 축복합니다.

기도원에 있다가 집에 가면 너무 갑갑했습니다. 저는 피아노를 무척 좋아했습니다. 저에게 피아노의 소질이 있었던 것 같습니다. 배우지 않아도 악보가 눈에 들어올 정도였습니다. 피아노를 배우고 싶었지만 저는 배울 수 없었습니다. 다른 형제들이 피아노 학원에 가는 것을 보면 너무나 가고 싶었습니다.

기도원에서 혼자 있을 때, 피아노를 많이 두드렸습니다. 찬양도 했습니다. 그 마음을 아셨는지 그러다 보면 피아노를 아시는 분들이 가르쳐 주기도 했습니다. 한 가지를 배우면 서너 가지가 눈에 들어왔습니다. 피아노를 가까이하다 보니 제 입술에서 찬양이 나오곤했습니다.

그러던 어느 날 저 혼자만의 시간이 있었는데, 피아노 실력은 안 되고 해서 찬양만 신나게 불렀습니다. 어느 순간, 옆에서 훌쩍이는 소리가 들렸습니다. 좋고도 무서운 우리 원장님이었습니다. 가만히 나오려고 했는데, 찬양 소리가 들리는 것입니다. 무섭게만 느껴졌던 우리 원장님이 조금 전에 제가 불렀던 찬양을 그 모습 그대로 부르고 있었습니다. 마치 제가 부르고 있는 것처럼 마음이 쩡하여 나올 수가 없었습니다. 저도 모르게 풀썩 주저앉아 같이 불렀습니다. 소변이 마려웠습니다. 같이 불렀기에 저 혼자만 나오면 야단맞을까봐 나올 수도 없었습니다.

원장님이 인도하시는 부흥회 시간이 간혹 있었는데, 그 이후로는 저에게 특송을 많이 시켰습니다. 저를 시키시기에 저는 마치 제가 찬양을 잘하는 양 기분 좋게 또 불렀습니다. 부를 때마다 사람들이 많이 울었습니다. 저도 울었습니다. 찬양 부르고는 나가 놀았습니다. 그 시간만큼은 자유입니다. 야단칠 원장님도 없고 집사님들도 예배드리러 가셨고, 기도원의 무도 많이 뽑아 먹었습니다. 마치고 나면 여지없이 야단을 맞습니다. 무 뽑아 먹은 죄, 예배 빼먹은 죄, 기도 안 한 죄, 또 죄인이 됩니다.

하루는 "원장님이 죄인이지 나는 죄인이 아니에요." 하고 고함을 쳤습니다. 원장님은 저를 야단치니까 죄인이고, 또 매일 기도하면서 원장님 입으로 죄인이라고 고백하기 때문에 제 머릿속에 '우리 원장님은 죄인이야. 난 아니고.' 하는 생각이 들었던 것입니다. 어느 날에는 '하나님도 죄인이네. 날 이렇게 만드셨으니까. 완벽한 분이시라는데, 난 몸도 아프고 걸어 다니기도 힘들어. 하나님 작품이라면서 나를 실패작으로 만드셨으니 하나님도 죄인이야.'라는 생각이 드는 것이었습니다. 하루에도 수없이 저는 의인이고 이 사람 죄인 만들었다, 저 사람 죄인 만들었다 하며 제 마음은 굳어져 갔습니다. 그러나 찬양할 때만큼은 제가 죄인이었습니다.

"나 같은 죄인 살리신 주 은혜 놀라워…" "주님의 높고 위대하심을…" "아 하나님의 은혜로…."

무조건 눈물이 흘렀습니다. 저는 주일학교에서 부르는 찬양은 잘 몰랐습니다. 교회에 가도 시키지 않았기 때문입니다. 기도원에서 여러 사람들과 같이 부르는 찬송가가 제가 아는 전부였고 또한 저의 전부였습니다. 너무너무 좋았습니다. 찬양을 하면 기도가 되었습니다. 집회에도 참석하고 싶어졌습니다. 제 마음에서 감사가 흘러나왔습니다.

나의 하나님! 나의 하나님!

어느 날 부흥회 기간에 예쁘장한 친구가 왔습니다. 저는 너무 기분이 좋았습니다. 그 친구는 말이 없었습니다. 그런데도 꼬박 집회에 앉아 있었습니다. 저도 도망가지 못하고 앉아 있었습니다. 그 아이 때문이었습니다. 그 아이와 친구 하고 싶은 생각이 많았기 때문입니다. 빨리 집회 마치고 놀고 싶었습니다. 그러나 상황은 그렇지 않았습니다. 그 아이는 말을 하지 못하는 농아였습니다. 그때부터 저에게 기도하고 싶은 마음이 생겼습니다. 저의 마음속에 조용히 메아리 같은 소리가 있었습니다. "쟤보다 내가 더 낫네." 감사의 눈물도 흘려야만 했습니다. 집회에 꼬박꼬박 참석했습니다.

어느 날 제 귀에 방언이 들려왔습니다. 그때는 방언이 무엇인지도 몰랐습니다. 제가 맨 뒷자리에 앉아 있는데, 앞에 집사님 한 분이 너무나 열심히 이상한 말을 하시면서 눈물을 흘리고 있는 모습에 '하나님! 저도 저렇게 기도하고 싶은데요.' 했습니다. 그 말과 동시에 제 입에서도 이상한 말이 터져 나왔습니다. 한참을 하다 보니 이 말이 무슨 말인지도 모르는 채 할 수 없겠다 싶어 '하나님! 알게 해 주세요.' 그 말을 하자마자 제 입에서 나오는 이상한 말이 귀에는 한국말로 들리는 것이었습니다. 그때부터 기도하고 싶어졌습니다. 정신을 차려 보니 아무도 없었습니다. 빈 기도원 본당이었습니다. 아까 그 예쁘장한 친구도 없었습니다. 몇 분 흘렀겠지, 다들 밥 먹으러 갔겠지 생각했는데 나가 보니 아무도 없고 기도원 위의 산에서 기도 소리만 들려올 뿐이었습니다. 그곳이 바로 제가 은혜 받은 대구 주암산 민족제단 배바위가 있는 곳입니다.

기도원에서는 늘 부흥회가 있었습니다. 제가 있던 기도원은 산 제일 높은 곳에 있는 조그마한 곳이었고, 조금만 내려오면 150명에서 200명을 수용할 수 있는 멋진 기도원이 있었습니다. 제가 있는 기도원하고는 차원이 달랐습니다. 매주 오시는 강사님들도 좋았고, 아무튼 제 눈으로 보기에는 그곳이 훨씬 더 좋아 보였습니다. 그러나 매일 기도는 제가 있던 기도원에서 다 했습니다. 밑의 기도원에는 부흥회 때 말고는 사람들이 없었습니다.

그런데 어느 날 제가 밤을 꼬박 새워 기도한 날 그다음 주간에 훌륭한 강사님이 오신다는 소문이 들렸습니다. 여자분이었습니다. 너무너무 인자해 보였고 쓰고 있는 모자도 멋져 보였습니다.

지금의 제 나이쯤 되어 보였던 것 같습니다. 목소리도 너무 좋고 다 좋아 보였습니다. 천사 같아 보였습니다. 처음 뵈었는데 우리 엄마보다 더 반가웠습니다.

저도 모르게 본당으로 들어갔습니다. 저는 기도원에 많이 있었기 때문에 농땡이를 치며 부흥회에 잘 참석하지 않았는데, 저도 모르게 거기에 털썩 주저앉았습니다. 찬양을 같이했습니다. 제 목소리가 어떻게 나오는지 제 표정이 어떤지 신경 쓸 겨를이 없었습니다. 강사님이 집회를 마치고 안수를 해 주셨습니다. 그런데 저에게는 안수를 해 주지 않았습니다. 저는 마음이 무척 괴롭고 아팠습니다.

"강사님, 저 안수 안 받았는데요."

울먹거리는 그 목소리에 강사님께서는 "네 머리 위에는 예수님께서 친히 안수해 주셨단다. 너는 내가 부럽니? 나보다 더 놀랍게 쓰실 줄 믿는다. 계속 기도해라." 하시고 나가셨습니다. 기도가 되지 않았습니다. 안수를 못 받았기 때문입니다. 강사님 방으로 받으러 갔습니다. 제가 머물고 있던 기도원이 아니었기 때문에 저를 아는 분은 아무도 없었습니다. 저는 강사님을 잘 아는 사람처럼 들어갔습니다. 집사님들도 그냥 보고 계셨습니다. 왜인지는 모르겠습니다.

"안수 받으러 왔니?"

"네!"

강사님이 놀라지도 않고 빙그레 웃으시며 "너는 될 놈이야." 하시면서 안수를 해 주셨습니다. 방언을 하시는데 제 귀에는 다 들리는 축복된 말씀이었습니다. 그 이후로 몰래 들어갔다고 야단맞을까봐 집회에 끝까지 참여하지 못하고 산으로 올라갔습니다. 그때부터 산 기도를 하게 되었습니다. 제 나이 열 살 때의 일입니다.

산꼭대기에서 기도하는데도 겁나는 것도 없었고 추운 것도 몰랐습니다. 성치 못한 다리로, 평지에서도 잘 걷지 못하는 그 다리로 정상인도 잘 오르지 못하는 산꼭대기를 올라 다니기 시작했습니다.

산을 아주 잘 타는 사람이 2시간, 보통 사람은 2시간 반 걸리는 거리를 저는 4시간 반 걸려 올라갔습니다. 그렇게 산에 올라가면 하나님께서 겁나게 기도를 시키셨습니다.

그런데 이상한 것이 있었습니다. 꿇어앉아 기도하려고 하면 소변이 마려운 것이었습니다. 그래서 몇 번은 기도하다가 말고 옆에서 소변을 보고 또 기도하다 말고 소변을 보고를 반복하였습니다. 그러다 보니 기도줄이 잡히지 않았습니다.

'에라 모르겠다.'

한번 매달려 보아야겠다는 욕심이 들어 기도하면서 소변을 그 자리에서 보아 버렸습니다. 처음에는 보려고 본 것이 아니었습니다. 산꼭대기에서 자꾸 일어나니까 낭떠러지로 떨어질까 봐 겁도 나고 짜증도 나고 그래서 소변을 참을 수밖에 없었습니다. 참을 때까지 참아 보자 하는 마음에서 찬양을 열심히 했습니다. 찬양을 하다 보니 소변을 봐야 된다는 생각은 잊혀 버리고 눈물이 흘러내렸습니다. 방언도 나왔습니다. 낭떠러지가 아름다운 자연으로 보였습니다. 하나님의 솜씨로 느껴졌습니다. 그래서 더 찬양했습니다. 그렇게 하다 보니 몸부림을 치게 되었고, 어느새 소변이 나와 버렸습니다.

행여나 남이 볼까 움직이지 못했습니다. 내려갈 수도 올라갈 곳도 없었습니다. 그래서 어린 마음에 마르면 내려가야지 하며 시간을 끌었습니다. 시간을 끌다 보니 사람들도 한두 명 보였습니다. 더 미친 듯이 기도하는 모습을 보여 주려고 애썼습니다. 또 소변이 마려웠습니다. 참을 수가 없어서 축축해진 바닥에 또 눠 버렸습니다. 한 세 번 정도 반복했을 때, 저도 모르게 눈물이 쏟아졌습니다. 빗물처럼 쏟아졌습니다. 왜 그랬는지 저도 모릅니다. 한참을 소리 내서 울고 또 울었습니다. 그러다 보니 밤이 되었습니다. 오도 가도 못하는 신세가 되었습니다.

하나님을 찾기 시작했습니다. 제 인생에 그렇게 애절했던 적은 없었습니다. "무서워요, 하나님!" 고함을 쳤습니다. 하나님밖에 저를 도와줄 분이 없다는 것을 인정하는 시간이었습니다. 소변 눈 모습은 온데간데 없어졌습니다. 어두움이 무섭고 두려웠기에 부르짖었습니다.

"하나님! 도와주세요. 도와주세요. 도와주세요."

미친 듯이 반복했습니다. 순간 찬양이 제 입에서 튀어나왔습니다. 평안했습니다. 너무너무 좋았습니다. 행복했습니다. 밤하늘이 너무 너무 아름다워 보였습니다. 세상에서 제가 제일 하나님과 가까운 곳에 있다는 느낌이 들었습니다. 기뻤습니다. 또 찬양했습니다.

"참 아름다워라 주님의 세계는…."

이런 찬양 저런 찬양을 하는 가운데 몇 시간이 흘렀는지, 방언으로 고백하는 시간이 하루 이틀 지나 눈뜨면 밤이고 눈뜨면 밤이고, 매번 같은 시간이라는 느낌이었습니다. '와! 시간이 안 가네. 내 바지는 다 말랐나?' 바지에서 지린내가 났습니다. 다리가 움직이지 않았습니다. 사람들이 올라왔습니다. 민족제단이라서 금요일 밤이면 대구와 인근 지역의 기도하는 종들이 올라오는 것입니다. 금요일 밤에 올라와 토요일 아침 되면 내려가는 기도산입니다. 시계가 없어도 달력이 없어도 1주일은 알게 됩니다. 금요일 밤이면 기도가 되지 않았습니다. 사람들이 여기저기서 "주여!"라고 외치면 잠시 내 주님이 옆집에 놀러 가신 것 같았습니다.

"나도 잠깐 다녀올게요."

옷도 갈아입어야 하고 밥도 먹어야 되겠다 싶어 내려갈 준비를 합니다. 솔직히 혼자 내려갈 자신이 없었기 때문에 사람들과 같이 내려가려고 준비를 하는 것입니다. 그러나 제 몸이 말을 듣지 않습니다. 다리가 펴지지 않습니다. 옆으로 누운 채 산줄기 있는 쪽으로 몇 바퀴 구릅니다. 산줄기 있는 쪽은 떨어질 염려가 없었습니다. 사람들도 많았고, 내려가는 길도 그쪽이었기 때문에 몇 바퀴 구르다 보면 어느 틈엔가 다리 저린 것이 느껴집니다. 보면 다리가 펴져 있습니다. 다시 툭툭 털고 일어납니다. 새들이 지지배배, 꽃들이 산들산들, 별들도 하나 둘 사라지는 모습까지 보입니다.

그때부터 매번 토요일 날 내려와 기도원에서 주일까지 있으면서 죽도 먹고 밥도 먹고 기도원 텃밭에 있던 무도 뽑아 먹고 당근도 뽑아 먹고 기도원 원장님 남편 아저씨 집사님 꼬여서 둘이서 닭도 잡아먹고 개구리도 잡아먹고…, 원장님께 들키면 남편 집사님이 닭이 병들었다고 둘러대 주시곤 했습니다. 다 아시는 원장님.

"먹으려면 이제부터 좋은 닭 잡아먹어!"

그때부터 기도원 모든 가축은 제 마음대로였습니다.

여기가 좋사오니

어느 날부터인가 원장님의 눈이 어두워졌습니다. 칠순이 넘었기 때문입니다. 저를 알기는 아는데 그때 그 문제라고는 생각을 못 할 정도로 저의 몸과 영혼과 언어가 좋아졌습니다. 저를 데리고 온 어머니도 안 오시고 항상 기도원 밖에서만 시간 때우는 아이로 남아 있던 저와는 완전 다른, 하나님 제일주의의 기도가 뭔가를 아는 보기 드문 건강을 소유한 또 하나의 아이가 기도하러 매주 오는가 보다 생각할 정도로 남 보기에도 확 달라진 은혜로운 아이로 바뀌어져 있었습니다. 그랬기에 닭도 허락하신 것 같습니다.

토요일 한 끼 먹고 주일 온전히 먹고 다시 월요일에 산에 올라가면 먹는 날보다 굶는 날이 더 많았습니다. 1주일에 3분의 2는 굶었습니다. 먹는 것보다 하나님께 기도하는 그것과 그 시간과 모든 것이 좋았고 너무너무 앙망할 정도로 고귀하게 느껴졌습니다.

"초막이나 궁궐이나 내 주 예수 모신 곳이 그 어디나 하늘나라…."

이 찬양이 나오기 시작하면 너무너무 좋았습니다. 겨울 되면 비닐 둘러쓰고 올라갔습니다. 사람들이 미끄러져 죽는다고 막았습니다. "내 주 예수 모신 곳이 그 어디나 하늘나라"라는 확신이 들었기에 어느 누구도 저의 앞길을 막지 못했습니다. 올라갔습니다. 또 올라갔습니다. 비가 오나 눈이 오나 바람이 부나 천둥이 치나 "나 어느 곳에 있든지 늘 맘이 편하다…." 이 찬송을 하면서 하나님과의 데이트 신청을 수백 수천 번 해야만 했습니다.

그것이 나의 살길이요, 할 일임을 알게 해 주신 하나님께 글을 쓰는 이 순간에도 다시 한 번 감사를 드립니다. 너무너무 감사했습니다. 몰래몰래 올라가는 것이 저에게는 더 깊은 기도의 시간이었고 자리였습니다. 다른 사람들이 올라오지 못하는 공간에서 내 하나님과 단둘이 거닐고 있다는 느낌에 숨도 쉬어지지 않을 만큼 행복했습니다. 제 인생이 그 순간부터 행복을 누리며 하나님께 감사하는 자로 살게 될 줄은 꿈에도 몰랐습니다.

기도하다 보면 비닐이 어디 갔는지 모릅니다. 눈이 제 어깨까지 쌓였습니다. 기도하다가 얼마나 움직였는지 제 주위에 쌓인 눈이 에스키모 집처럼 보호막이 되어 있었습니다. 너무너무 행복했습니다. 오히려 눈이 오면 따뜻함이 느껴졌습니다. 제 어깨에 눈이 쌓이고 또 녹고 또 쌓이고.

어느 날 어깨를 툭툭 치는데 뜨듯한 느낌이 들었습니다.

'우리 하나님이 따뜻하게 해 주시나 보다.'

눈을 뜨기가 싫었습니다. 정신을 차려 보니 어깨의 살점이 떨어져 나갔습니다. 고드름처럼 쌓였던 눈덩어리가 어깨의 살점과 같이 툭 떨어져 나가는 소리가 들렸습니다. 피가 타고 내렸습니다. 걸쳐 입었던 잠바도 어깨 부분은 날아가 버렸습니다. 내 눈앞에 뚝뚝 떨어지는 제 몸에 붙어 있던 눈덩어리가 하늘에서 주시는 만나처럼 느껴졌습니다. 입에 넣어 보았습니다. 만져도 보았습니다. 그래도 행복했습니다. 아무도 올라올 수 없는 추운 산에 나와 하나님과의 만남이 이루어졌다는 사실이 놀라울 따름이었습니다. 바울이 삼층천에 올라간 것과 비교할 수 없을 만큼 큰 축복으로 느껴졌습니다.

정신이 들면 추위가 느껴집니다. 내려옵니다. 야단이 납니다. 야단도 많이 맞았습니다. 수없이 맞았습니다. 그래도 비가 와도 올라갑니다. 태풍이 불어도 올라갑니다. 진정한 기도의 맛을 알았기 때문입니다. 참 행복했습니다. 제가 살아온 모든 시간 중에 가장 행복을 느낀 시간들이며 감사하며 살아갈 수 있는 용기를 얻은 저의 가장 소중한 시간들이었습니다.

"기도하는 이 시간 복을 주시네. 곤한 내 마음속에 기쁨 충만하네."

모든 찬송가가 저에게 축복으로 다가왔습니다. 모든 말씀이 저에게 주시는 축복된 말씀으로 느껴지기 시작했습니다. 하나님의 말씀임을 알았습니다. 말씀으로 찾아와 주셨습니다. 그렇게 말씀 보지 않는 저에게도 부모님의 기도와 말씀이 있었기에 생소하지는 않았습니다.

'구하라 주실 것이요.'

모든 말씀이 제가 알고 있는 말씀 같았습니다.

사실 전 그때 말씀 한 구절도 제 손으로 찾아서 읽어 보지 않았습니다. 하지만 주일날 요절 한 구절 한 구절은 매주 한 번도 빠지지 않고 암기해 갔었습니다. 왜냐하면 저 혼자 단독으로 물어 주는 시간은 그 시간밖에 없었기 때문에 꼭 외워 가야만 했고, 엄마가 주일마다 챙기는 말씀, "헌금 가져가니? 요절 외웠니?" 그때만이라도 부모님께 "잘했네." 칭찬받고 싶었기 때문에 열심히 외워 갔습니다.

하나님 만나러 가서 기도하는 순간에 그때 외운 말씀들이 줄줄이 떠올랐습니다. 기도 제목이 되었습니다. 또 부르짖고 또 부르짖었습니다. 그러다 보면 천국문이 열리고 하나님과의 대화가 시작됩니다. 그때에 '천국은 말씀으로 열리는구나!' 하는 것을 깨달았습니다. 어린 나이였지만 하나님께서 알게 하셨습니다. 그랬기에 내려오면 밥 먹는 것보다 말씀 읽는 일에 열심을 내었습니다.

주일은 온전히 말씀만 읽었습니다. 더 깊어졌습니다. 더 하나님과 가까워짐을 느꼈습니다. 말씀 속에 거하시는 하나님, 말씀이 육신이 되어 나에게 오신 하나님, 몸부림쳤습니다. 죄인임을 알게 되었습니다. 죄인임을 알게 되었기에 기도하는 것까지도 하나님께 맡겨야만 했습니다. 방언으로 열심히 찬양했습니다. 그러다 보면 기도의 영이 다시 임합니다. 3박4일을 기도할지라도 시간이 짧았습니다. 시간도 초월이 되었습니다. 눈 뜨면 금요일. 사람들이 올라옵니다. 사람들이 올라오는 느낌에 눈을 떠야만 했다는 것이 맞는 표현인 것 같습니다.

여름이 되면 머리 껍질이 얼굴의 팩 벗겨지듯이 홀랑 벗겨졌습니다. 머리가 이마부터 익었다가 떴다가 가라앉았다가 이것마저도 좋게만 느껴졌습니다. 너무너무 행복한 나날이었습니다. 어느덧 산을 지키는 사람으로 사람들에게 인식되었습니다. 당연히 그곳에 있어야만 했습니다. 어떤 분들은 물도 살짝 갖다 놓고 가고, 어떤 분들은 기도 제목도 살짝 던져 놓고 갔습니다. 다 봤는지는 나도 모릅니다. 생각나는 대로 기도했습니다.

산에서 기도하다 보면, 어린이 복음성가 중에 나오는 '사자들이 어린양과 뛰놀고 어린이들 함께 뒹구는' 아담과 하와의 에덴동산의 축복이 떠오르게 됩니다. 이 책을 읽고 계시는 모든 독자들에게도 이 환상의 축복이 임하시기를 소원합니다. 저에게는 환상이 아닌 직접적인 현실로 다가왔습니다.

산에는 짐승들이 많습니다. 바람이 불고 태풍이 오려고 하면 짐승들이 숨을 곳을 찾습니다. 늑대도 있었고 멧돼지도 있었습니다. 숨을 곳을 찾다가 바람이 거세게 불어 닥쳐 나무들이 넘어지고 쓰러지면 하늘이 더 가까이 보입니다. 이상하게 바람이 불고 천둥이치고 비가 오면 하늘이 더 맑아 보였습니다. 그 이유는 지금도 모릅니다. 오히려 하나님과 대화함을 막던 무서웠던 나무들이 내 앞에서 비켜나는 것 같았습니다. 조그마한 바위틈에 들어갑니다. 바위 틈은 아니지만 제게는 바위틈처럼 느껴지는 기도돌이 겹쳐진 부분이 있었습니다. 그곳은 제가 앉아서 기도하는 곳에서 안쪽으로 조금 들어온 곳입니다. 낭떠러지 바로 앞 바위 끝에 앉아 기도하다가 조금 안쪽으로 들어오면 아무리 태풍이 불어도 안전한 곳으로 느껴졌습니다. 바위 끝이 아니기 때문입니다. 참 평안했습니다.

어느 날 태풍 때, 유난히 바람도 세차게 불고 비도 많이 왔습니다. 소리도 컸습니다. 짐승들이 하나 둘 모여들었습니다. 이상하게 하나도 무섭지 않았습니다. 오히려 나 혼자가 아니구나 하는 느낌이 들었습니다. 왜냐하면 태풍 때는 기도가 되지 않기 때문에 정신이 온전히 살아 있습니다. 빗줄기가 보입니다. 저를 삼킬 듯한 바람도 보입니다. 여러분은 바람의 형태를 보셨습니까? 저는 똑똑히 지켜봤습니다. 짐승들과 같이 떨며 있다가 갑자기 말씀이 떠올랐습니다. 예수님께서 물위에서 파도를 보시고 꾸짖으셨던 그 놀라운 기적의 말씀 "바람아 잠잠하라." 순식간에 바람이 잠잠해졌습니다. 어떤 동물들이 제 옆에 왔었는지 확실히는 모릅니다. 처음 겪은 느낌이었습니다. 바람이 고요해진 동시에 바람처럼 동물들도 순식간에 사라져 버렸습니다. 제 입에서 찬양이 튀어나왔습니다.

"평화 평화로다. 하늘 위에서 내려오네…."

"아 하나님의 은혜로 이 쓸데없는 자" 살았다는 느낌이 들었습니다. 다시 눈물이 흘러나왔습니다. 제 눈에 눈물이 그렇게 많은 줄 몰랐습니다. 그 눈물이 지금도 그때의 일을 회상하면 다시 흘러내립니다. 이 책을 보시는 모든 분들에게도 감사의 눈물이 회복되시기를 원합니다.

짐승들과 하룻밤을 지낸 이후 새들의 말소리도 제 귀에 들려왔고, 자연의 말소리도 들려왔습니다. 말씀을 보니 이것이 바로 대물 방언이었습니다. 저는 대물 방언이 무엇인지도 모른 채 느껴지는 대로 꽃들에게 물었습니다.

"왜 피었니?"

"하나님 찬양하기 위해서요."

새들에게 물었습니다.

"왜 지지배배 소리 지르니?"

"하나님이 만드신 자연을 아름답게 노래하기 위해서요."

이때 저는 알았습니다. 이 세상에 존재하는 모든 것들이 하나님이 만드신 작품이라는 것을. 최고의 작품은 저와 여러분입니다. 그 하나님을 깊이 찬양합니다.

산이 좋았습니다. 기도시간이 좋았습니다. 또 올라가고 또 올라갔습니다. 또 말씀 봤습니다. 말씀 속에 거하시는 하나님을 느꼈습니다. 찬양을 통해 힘 주시는 아버지를 체험했습니다.

"여기가 좋사오니 초막 셋을 짓고…."

베드로의 고백이 저의 고백이 되어 버렸습니다. 세월이 가면 갈수록 사람들과의 접촉이 단절되었습니다. 진짜 산이 좋았고 물이 좋았고 하나님이 좋았습니다. 부모님 생각도 전혀 나지 않았습니다. 사람들은 "마귀가 주는 은혜도 있다는데…" 하며 염려하기도 했습니다. 저는 확신이 들었습니다. 왜냐고요? 저의 마음이 평안했기 때문입니다. 마귀가 주는 은혜는 불안합니다. 초조합니다. 결과가 좋지 않습니다. 저에게 나타난 모든 응답은 즐겁고 기쁘고 평안했습니다. 달라졌습니다. 변했습니다. 낮아졌습니다. 죄인임을 알게 되었습니다.

그러던 어느 날 하나님의 음성이 세차게 들려왔습니다.

"이제 올라오지 말아라."

하나님의 말씀에는 무조건 복종밖에 나오지 않습니다.

"예." 대답하고 내려왔습니다. 그러나 또 올라가고 말았습니다. 몇 주가 지났습니다. 겨울이었는데, 정신을 차려 보니 병원이었습니다. 그동안 저를 유심히 지켜보고 계시던 신사 한 분이 계셨습니다. 의사분이셨는데, 본인의 실수는 아니었지만 잘못된 수술에 대해 원장으로서 책임을 지고 일을 수습하고 기도원에 왔다가 저의 기도하는 모습을 보았습니다. 몇 주 꾸준히 지켜보던 중에 정신을 잃은 저를 병원으로 옮긴 것입니다.

대구동산병원이라는 곳이었는데, 차트 없이 저 혼자만 봐 주셨습니다. 다리에 동상이 걸려 썩어 가고 있는 상태라고 했습니다.

조금 아픈 것이 느껴졌지만 원래 저의 다리가 약했기 때문에 대수롭지 않다고 생각했습니다. 한 달을 꼬박 치료받았습니다. 무균실에서 고름을 닦아 내고 또 닦아 내었습니다. 지금도 그때의 소독 냄새가 제 코에 들어오는 것 같습니다. 의사분이 다리를 자르려고 마음을 먹었지만 보호자도 모르고, 전화번호도 모르는 상황이었습니다. 그런데 그때 그 의사분의 마음에 "네가 살려라. 자르지 마라. 내가 도우리라." 하는 마음이 불 일 듯이 일어났다고 합니다. 그래서 오로지 저에게만 매달려서 치료를 하신 것입니다.

한 달이 지났습니다. 고름이 빠져나가고 색깔이 돌아오고 치료가 되었습니다. 기적 같은 일이 일어난 것입니다. 그때부터 산에는 갈 수 없었습니다. 기도원 집회에 참석해야만 했습니다. 산에서 기도한 감각이 있기에 다른 사람보다 강하게 기도함을 모든 사람들이 볼 수 있었습니다. 사람들의 속이 보였습니다. 생각이 느껴졌습니다. 이 일은 산기도를 시작한 지 3년이 지난 13살 때의 일입니다.

지금도 가끔씩 잘라 내려고 했던 다리가 텅 빈 것처럼 느껴지고 말을 안 들을 때가 있습니다. 이 현상이 느껴질 때면 산에서 기도한 느낌이 생생하게 떠오릅니다.

입신의 은혜

그렇게 낫고 나서 다시 산기도 하러 올라가려 하자 하나님이 못 가게 막으셨습니다. 마침 그때 3년 전에 부흥회 인도하신 최자실 목사님이 다시 기도원에 부흥회 인도하러 오셨습니다. 너무 너무 반가웠고, 엄마가 온 듯한 느낌이었습니다. 그러나 최 목사님은 저를 알아보지 못했습니다.

'왜 알아보지 못할까, 나는 이렇게 반가운데.'

마치 아주 오래 사귀던 분이 저를 외면하는 듯한 느낌이 들었습니다. 사실 최자실 목사님은 저를 모르는 게 당연했습니다. 그때 안수 한 번 받은 관계였을 뿐이기 때문입니다. 그러나 저에게는 너무나 큰 상처가 되었습니다. 기도가 되지 않았습니다. 최 목사님은 많은 사람 중에 기도 열심히 하는 분만 안수해 주고 나가 버렸습니다. 제가 안수 못 받은 것은 당연합니다. 제 마음은 너무 서운했습니다.

'왜 날 알아보지 못할까? 남들보다 몸도 안 좋은데…'

그때는 제 몸 안 좋은 것이 이유가 되었습니다. 저는 자랑하고 싶었습니다. "목사님 축복한 기도대로 되었습니다. 저 하나님 만났습니다. 하나님께서 써 주신대요."라고 크게 자랑하고 싶었는데, 마치 산에서 태풍을 느꼈다가 고요해진 그 사건과 같이 고요하게 지나가 버렸습니다. '왜 나를 몰라볼까?' 저의 몸이 몰라볼 정도로 좋아졌기 때문입니다. 마음을 추스르고 기도했습니다.

'진짜 하나님만 바라봐야지. 내 인생에는 아무도 없어, 하나님밖에 없어.'

수없이 고백하고 울었습니다. 많이 서운했습니다. 그래서 지금 저는 한 분도 빼놓지 않고 안수를 합니다. 다 아는 척해 줍니다. 하나님이 저에게 가르쳐 준 예수 사랑입니다.

몇 주가 지났습니다. 입구 기도원에 또 부흥회가 있었습니다. 기도산이기 때문에 곳곳에 기도원이 많았습니다. 저는 우연히 문을 열고 들어갔습니다. 강사님이 여자분인데 제 보기에는 최목사님과 같은 영권을 가진 비슷한 분으로 보였습니다. 사람 보지 말자! 하는 마음에 털썩 앉았습니다. 인도를 하셨습니다. 아우! 생각보다 너무너무 좋았습니다. 참 다정했습니다. 최자실 목사님 인도 때보다 사람은 적었지만 저에게 베풀어 주신 하나님의 사랑은 더 컸습니다.

안수시간이 되었습니다. 열심히 찬양했습니다. 목숨 떼 놓고 부르짖었습니다. 산에 갈 수 없는 저의 마음까지 다 합해서 죽을 힘을 다해서 하나님을 찾았습니다. 산에만 계시는 하나님을 불렀습니다. 그런데 하나님은 산에만 계시지 않았습니다. 산에서 응답해 주신 하나님께서 곧장 화답해 주셨습니다. 눈물 콧물이 범벅이 되어 제 얼굴을 적셨습니다. 다시 기도의 영이 임함을 느꼈습니다. 산에 못 가는 허전함이 채워졌습니다. 기쁨으로 인정할 수 있을 것 같았습니다. 안수를 받았습니다. 그 자리에서 제 영이 떴습니다.

그것이 저의 첫 번째 입신이었습니다. 저는 고신에서 자랐기 때문에 입신이 뭔지 몰랐습니다. 방언이 뭔지도 몰랐습니다. 그런 저에게 이러한 축복을 체험시켜 주실 거라고는 생각조차 하지 않은 일이었습니다. 단지 천국이 있다면, 지옥이 있다면 한번 보고 싶다 하는 소원이 있었습니다. 하나님께서 내 생각까지 다 간섭하신다는 사실을 더욱 깊이 깨닫는 은혜가 임했습니다. 천국에 올라갔습니다. 하나님께서 저를 꼭 안으시고 위로해 주셨습니다.

"너는 내게 뭐 하기를 원하니?"

첫 번째 저에게 물으신 질문이었습니다. 저의 대답은 "아버지 찬양하고 싶어요. 저는 찬양이 너무너무 좋아요. 그런데 할 수가 없어요. 아버지 아시잖아요."였습니다. 그동안에 제가 산에서 기도원에서 더 어릴 적에 교회에서 불렀던 저만의 목소리의 찬양이 그대로 들려왔습니다. 저는 제 목소리가 그렇게 듣기 좋은지 몰랐습니다.

"네 목소리 아름답지 않니?" 천국 오케스트라의 연주가 제 귀에 울려 퍼졌습니다. 저의 찬양하는 모습이 보였습니다. "하나님 크신 사랑은 측량 다 못하며 영원히 변치 않는 사랑 성도여 찬양하세." 이 찬양이 평생 해야 될 나의 고백임을 느꼈습니다.

이 글을 쓰고 있는 지금 이 순간에도 천국 오케스트라가 들려 오는 듯합니다. 그 이후로 저의 생애에 하나님을 찬양하는 시간이 주어지면 목숨 다해서 찬양하기를 원합니다. 그렇게 하고 살아가고 있습니다. 너무너무 감사하기 때문입니다. 하나님은 잘 부르는 찬양을 원하지 않습니다. 최선을 다해서 하나님께 찬양하는 그 모습 그대로를 기뻐하십니다. 눈물로 화답해 주시며 기쁨으로 응답해 주십니다. 이 은혜의 체험이 많은 분에게 널리 알려지기를 소원합니다.

하나님께서는 첫 번째 입신을 통해서 당신께서 저를 얼마나 사랑하시는지 제가 얼마나 귀한 존재인지를 알게 해 주셨습니다. 하나님의 최고의 걸작이라는 사실, 하나님의 최고의 기쁨이라는 사실, 하나님의 형상 그대로 닮았다는 사실, 모든 사실이 저에게는 감당할 수 없는, 감당해야 할 은혜였습니다. 마치 너무나 큰 죄인이 큰상을 받은, 앞뒤 안 맞는 주인공이 된 기분, 측량할 수 없는 그 사랑에 지금도 조금이나마 보답하려고 몸부림을 쳐 봅니다.

두 번째 입신을 통해서는 영혼 구원의 절박함과 귀중함을 느졌습니다. 지옥도 봐야만 했습니다. 하나님께서 한 생명을 천하보다 귀하게 여기신다는 말씀을 뼈저리게 느낀 순간이었습니다. 하나님께서 너무나도 바라시는 일이셨습니다. 영혼 구원이 얼마나 우리가 해야 할 일인지 알게 되었고, 천국과 지옥이 확실히 있다는 사실을 알게 되었습니다. 저는 아버지의 소원을 저와 저를 알고 있는 모든 영혼들과 이 책을 접하시는 모든 독자들이 알게 되기를 간절히 소원합니다.

천국은 너무너무 신비롭고 황홀하고 행복한 곳이었습니다. 사랑이 넘치며 아픔이나 고통이나 절망, 시기, 분노, 원망, 이 모든 것을 생각조차도 해 볼 수 없는 위대한 곳이었습니다. 제가 3년 동안 하나님과 기도하며 대화하며 속삭였던 그 모든 것들이 은혜로 사랑으로 자리 잡고 있는 곳이었습니다. 너무너무 빛이 났고 우아했습니다. 내 집도 있었고, 모세도 있었고, 바울도 있었고, 엘리야도 있었고, 엘리사도 있었습니다. 많은 사람들이 천국을 황금과 보석과 같은 것을 가지고 비유하는데 저의 눈에는 그런 것보다는 성경 말씀 안에 있는 모든 것들이 천국에 자리하고 있다는 사실 자체가 놀라웠습니다. 저의 눈물로 기도한 시간도 하나님께서는 기억하시고 계셨습니다. 지옥도 보았습니다. 제가 보았고 느낀 이 모든 일은 다음에 은혜 주시는 대로 시간이 허락되는 대로 독자들과 같이 한 번 나누어 볼까 합니다.

제가 이 놀라운 은혜를 체험하게 되었던 무렵 저와 같이 어린 나이에 비슷한 체험을 하고 있는 저보다 두 살 아래인 기도원 원장님 딸이 있었습니다. 한참을 같이 은혜 받고 찬양하고 같이 뒹굴고 기도하고 잠도 자고 거의 동고동락한 동생이었습니다. 저의 마음은 선의의 경쟁을 하게 되었습니다. 은혜 받는 것은 좋은데 나보다 더 받는 것은 싫었고, 서로 행복했는데 좀 더 기도하기 원했기에 경쟁 상대가 되어 버렸습니다.

그 여자 강사님, 이정희 강사님은 매주 오시기 시작했습니다. 원장님이 1년 계약으로 다른 강사님 청하지 않으시고 우리 받은 은혜 간직하게 하기 위해서 계속 동일한 강사님을 모셔서 은혜 받게 하신 것입니다. 저는 말이 어둔했고, 그 딸은 아주 똑똑했습니다. 사람들이 그 딸 앞에 몰리기 시작했습니다. 제 말은 듣기가 힘들었기 때문에 두 살 아래인 원장님 딸에게 사람들은 "천국은 어땠니? 지옥은 가 봤니?"라며 많이 물었습니다. 저는 그 질문을 듣고도 대답할 수가 없었습니다. 왜냐하면 저에게 묻지 않았기 때문입니다. 이 딸은 조잘조잘 거미줄처럼 쏟아 냈습니다. 이렇고 저렇고 당신은 어떻고, 당신은 어떻고… 1년이 채 못 가서 받은 은혜를 다 쏟아 버리고 말았습니다.

그 1년 동안 다시 외로워진 저의 마음을 하나님께서 말씀으로 채워 주셨습니다. 말씀 보기 시작했습니다. 말씀 속의 하나님을 다시 만났습니다. 비밀을 알게 되었습니다. 하나님께서 이 세상에 이루실 모든 계획과 뜻도 알게 하셨습니다. 너무너무 감사했습니다. 이 사실을 저도 모르게 뱉으려 할 때면 반드시 상대가 되는 사람들이 다시 물었습니다.

"방금 너 뭐라 했니?"

저는 제 말이 분명치 않음을 이때부터 감사하기 시작했습니다. 비밀을 지켜 나갔습니다. 하나님께서 저를 지키시고 계획하시고 보여 주신 일들이 이리하여 제 머릿속에 정리되고 있었습니다. 분명하게 똑똑하게 채워지고 있었습니다. 그때 만일 제 언어가 분명해서 사람들에게 본 것, 들은 것, 알게 된 것을 다 말해 버렸다면 지금의 저는 존재하지 못할 것입니다. 마귀의 밥이 되었을 것입니다.

그 이후로 제 눈에는 병이 보이기 시작했고, 사람 속이 보이기 시작했고, 모든 것이 분별이 되었습니다.

'어? 저 사람은 암이 있네? 어! 저 사람은 간질환자네. 어, 저 사람은 뇌종양이네…'

알 수조차 없었던 병명이 떠오르며 보이기 시작했습니다. 저도 모르게 겁이 났습니다. 말씀이 부족한 저에게 사람 인체가 보이고 사람 속이 보이고 생각이 보였습니다. 말씀을 봐야겠다는 마음이 생겼습니다. 그동안에 기도로 훈련시켜 주신 하나님께서는 말씀도 보게 하셨습니다. 말씀이 제 속에 거하니 제가 죄인임을 더 알게 되었습니다. 기도할 때의 느낌과는 또 다른 뭔가가 있었습니다.

"하나님! 말씀이 송이꿀보다 달다 하셨는데 체험하게 해 주옵소서."

   또다시 말씀을 봤습니다. 하루 종일 말씀을 봐야 한다고 생각
했습니다. 쉬운 일이 아니었습니다. 기도하는 것이 제일 어려운
줄 알았는데, 이번에는 말씀 보는 것이 제일 어려웠습니다. 시간
을 가져야겠다는 생각을 했습니다.

대구 황금동에서의
첫 번째 부흥회

밖으로 나가면 사람들이 보입니다. 겁이 났습니다. 제 눈에는 몽땅 이상한 것만 보였습니다. 잘못하면 사람을 정죄할 것 같았습니다. 미칠 것만 같았습니다. 감사하면서도 감당하기 어려웠습니다. 자아가 죽어지려면 금식해야 한다는 말씀이, 누가 나에게 건네준 말인지 몰랐지만, 문득 생각나 '금식' 한번 해보기로 마음먹었습니다. 어린 마음에 밥만 안 먹으면 금식인 줄 알았습니다. 물도 먹고 국도 먹었습니다. 이틀이 지났습니다.

"너 왜 밥은 안 먹니?"

"저 금식해요."

원장님이 너무나 어이없다는 듯이 웃으셨습니다.

"왜요? 저는 금식하면 안 되나요?"

목에 힘을 주어 여쭤 보았습니다. 빙그레 웃으시며 "금식이라는 것은… 밥 안 먹고, 국 안 먹고 안 먹고 안 먹고… 물만 먹고 공기만 먹고 하는 게 금식이야." 하셨습니다. 머리가 아팠습니다. 왜냐하면 하나님께 "저 금식해요."라며 열심히 기도했기 때문입니다. 지금도 저는 하나님께 약속한 일들은 꼭 지켜야 한다고 알고 있습니다.

'그럼 다 굶고 못 먹고 기도해야 된단 말이야?'

이때 하늘에서 음성이 들렸습니다.

"너 3년 했잖아?"

하나님께서 3년 동안 산에서 먹지 못하고 기도한 시간들을 기억하고 계시는 것이었습니다. 제 눈에 눈물이 핑 돌았습니다. 그때부터 물만 먹었습니다. 기도원 밖의 풍경이 너무너무 아름다워 보였습니다.

"참 아름다워라. 주님의 세계는…."

부흥회는 계속되었지만, 저는 참석지 못했습니다. 골방에 혼자 있어야만 했습니다. 말씀을 보았습니다. 말씀밖에는 볼 게 없었습니다.

장기 금식으로 이어졌습니다. 금식을 하는 순간순간 밖으로 나와 공기를 마셨습니다. 부흥회에 오신 목사님 한 분이 저를 유심히 보셨습니다. 따로 알아도 보신 모양이었습니다. 저에게 관심이 있었던 것 같습니다. 멀리서 지켜보는 느낌이 들었습니다. 멀리서 보았는데도 암 덩어리가 다 퍼져 있는 모습이 보였습니다. 주의 종으로 보였습니다. 제가 먼저 말을 건넸습니다.

"간암인가 봐요?"

놀라지도 않은 채 빙그레 웃으시며 "금식 마친 다음 나 한번 따라가 줄래?"라고 물으셨습니다. 저는 흔쾌히 하나님 뜻이라면 가겠노라고 말해 버렸습니다. 장기 금식이었기 때문에 보호식도 필요했습니다. 금식은 순조롭게 끝이 났습니다. 하나님 주권으로 하게 된 금식 같았습니다. 3년 동안 많이 굶었던 훈련이 도움이 된 것 같습니다. 몸무게도 많이 빠져서 왜소한 몸매에 유치원생같이 보였던 모양입니다. 그럼에도 하나님의 권위는 저에게 강하게 임했습니다.

부흥회 강사로 초청받아 간 교회는 대구 황금동에 있었습니다. 지금도 기억이 납니다. '황금동? 황금이 많은 곳인가 보다.' 그렇기에 지금도 잊히지 않습니다. 이름이 참 중요한 것 같습니다. 하나님께서도 성경에 믿음의 사람들을 찾아와 주실 때 이름을 축복으로 바꾸어 주셨음을 기억합니다. 황금동. 여러분도 이 책을 통해 대구에 황금동이 있구나 기억하시게 될 것입니다.

지하 교회였습니다. 방음도 잘되지 않는 곳이었습니다. 비도 새는 것 같았습니다. 개척한 지 얼마 안 되는 이름만 교회, 쿰쿰한 냄새가 나는 지하 창고. 여러분 상상되지 않으세요? 그곳에도 하나님께서는 거하시고 계셨습니다.

부흥회는 해야 되겠고, 교회가 있다는 것은 알려야 되겠는데, 목사님께는 가져야 하는 건강, 물질, 양 무리, 모든 게 없었습니다. 알고 보니 큰 교회를 담임하시다가 교회 건축하고 물질, 건강 다 쏟아 붓고 양들을 위해 병든 몸을 이끌고 조용히 사임하고 나오신, 진짜 목자다운 목자였습니다.

'결론은 돈이 없어 날 데리고 왔단 말이야?'

어린 마음에 투정이 나왔습니다. 그런데 이 목사님도 저처럼 속이 보이는 모양이었습니다.

"그런 건 아니에요. 당신 속에 거하시는 하나님의 능력이 나를 고쳐 쓰실 줄 믿습니다."

이 고백과 함께 '불길 같은 성령이여' 이 찬송으로부터 부흥회가 시작되었습니다.

목사님 병이 나았습니다. 핏덩이를 토해 내더니만 힘을 얻었습니다. 찬양 인도를 하시는데 점차 점차 힘이 나시는 것 같았습니다. 굉장했습니다.

'바로 저거야! 저게 찬양이야!'

어린 마음에도 천국에서 듣던 찬양이 생각났습니다. 저도 같이 했습니다. 일은 시작되었습니다. 하나님이 하셨습니다. 제 인생의 첫 번째 부흥회였습니다. 목사님께서 마치 저를 돌보시는 분처럼 도와주셨습니다. 하라시는 대로 했습니다. 하나님도 기뻐하셨습니다. 목사님도 건강을 되찾는 것 같았습니다.

찬양 소리가 밖으로 나가고 기도 소리도 밖으로 나간 모양입니다. 이틀째 되는 날부터 주위에 있던 사람들이 하나 둘 무리 지어서 오는 것입니다. 예배를 드렸습니다. 또 찬양했습니다. 한 분이 제게 말을 건넸습니다. 자기가 이 근처 지하실에서 기도원을 운영하고 있는데 저를 본 적이 있다고 했습니다. 기도원에서 기도하는 모습을 보았다고 합니다. 자기 기도원에서도 연이어서 다음 주에 부흥회를 하자고 하는 것이었습니다. 제가 생각할 겨를도 없이 목사님께서 좋은 생각이시라고 적극적으로 권유해 주셨습니다. 목사님 병도 자꾸 나아져 갔습니다. 권위도 더 세워졌습니다. 신바람이 났습니다. 그냥 또 하게 되었습니다.

바로 얼마 떨어지지 않은 곳에 기도원이 있었습니다. 조그마한 상가에 지하 건물이었습니다. 귀신 들린 사람도 왔습니다. 오자마자 정상으로 변해 버렸습니다. 처음 경험하는 저에게는 신나고 놀라운 일이었습니다. 자신감이 붙었습니다. 말씀도 튀어나왔습니다.

이제 목사님 눈치도 볼 필요가 없었습니다. 귀신들도 저를 보면 나가 버리고, 거품을 토하며 쓰러지는 사람도 있었습니다. 참 신기했습니다.

집회를 인도하는 도중 지나가던 미군들 중 한 팀이 찬송 소리에 걸음을 멈추고 들어왔습니다. 슈퍼에서 물건 구입하려고 차를 세웠는데 찬송 소리가 아주 뜨겁게 들렸다는 것입니다. 은혜를 체험한 분들이었습니다. 마치 제가 미국말로 인도하기라도 하는 양 알아듣는다는 듯이 고개를 끄덕이며 앉아 있었습니다. 하나님께서 그 자리에 계심을 느꼈다고 합니다. 이 일로 인하여 집회에 참석했던 미군 지휘관이 저에게 미국 집회를 요청했습니다.

미국에 동생이 목회를 하고 있다는 것입니다. 옆에 계시던 목사님께서 적극적으로 저를 설득하셨습니다. 말도 안 통했는데 목사님께서 통역을 다 해 주셨습니다. 한미통합부대 군목으로 몇 년 계셨답니다. 한국말보다 영어를 더 잘하는 것 같았습니다.

저도 모르는 사이에 일이 척척 진행되었습니다. 저는 미국이 어디에 붙어 있는지도 몰랐습니다. 그냥 코쟁이들, 키 큰 나라, 우리하고 잘 지내는 나라, 예수님 잘 섬기는 나라. 이만하면 다 알고 있다고 생각했습니다. 직접 만나 보니 미국 사람들도 다 좋은 사람들이었습니다. 말도 통했습니다. 같이 웃을 수도 있었습니다. 목사님만 옆에 계시면 제 할 말 다 했습니다. 그런 후 3개월인가 후에 목사님으로부터 연락이 왔습니다. 미국 갈 마음이 없느냐는 내용이었습니다. 그때부터 저의 미국 사역은 시작되었습니다.

제2부

부름받아 나선 이 몸
어디든지 가오리다

동부로 서부로 진짜 바쁜 일정을 보냈습니다. 하나도 피곤치 않았습니다. LA로 시카고로 뉴욕으로 버지니아 주에도 갔습니다. 하나님께서 보내셨습니다. 말씀으로 쓰셨습니다. 신유의 기적이 일어났습니다. 병자들이 몰려오기 시작했습니다. 인종의 차별이 없었습니다. 서로 부둥켜안고 울었습니다.

미국으로

미군 지휘관의 동생이 미국에서 목회를 하는데 부흥회를 해
달라는 것이었습니다. 그때 선뜻 가겠다고 대답했습니다. 제 다
리를 치료해 주신 원장님이 미국에 가셨다는 소식을 들었습니
다. 저를 치료한 후에 미국으로 건너가셨다고 합니다. 찾고 싶은
마음이 불 일듯 일어났습니다. 미국은 갈 수 없는 나라라고 생각
했었습니다. 그런데 미국 갈 기회가 생긴 것입니다. 미국 가면 의
사 장로님을 만날 수 있겠다는 생각이 들었습니다. 미국이 그렇
게 클 것이라고는 미처 생각지 못했습니다. 그래서 간다고 한 겁
니다. 어쨌든 그렇게 해서 미국 교회에 가서 부흥회를 했습니다.
한국 사람으로서 미국 현지 교회에서 부흥회를 인도한 경우는
거의 없었습니다. 부흥회는 큰 은혜 가운데 마쳤습니다.

"아버지 어떻게 해야 돼요?"

겁도 나고 용기도 나지 않았습니다. 그러나 해야만 했습니다.

아버지를 간절히 찾았습니다. 응답해 주셨습니다.

"따라서 해라."

무슨 말을 했는지 기억은 나지 않습니다. 통역하시는 분이 저의 말을 제대로 못 알아듣는 느낌이었습니다. 미국인이 아무리 한국말을 잘해도 제 말을 알아듣기는 힘든 일이었습니다. 우리 나라 분들도 처음에 만나 대화하면 제 말을 알아듣기 힘들다고 합니다. 그래서 하나님께 기도할 수밖에 없었습니다.

"아버지, 아버지 일 하러 왔어요. 아버지가 보내셨잖아요. 모세에게 아론을 세우신 하나님, 저에게도 아론과 같이 도울 자를 확실하게 붙여 주시든지, 예배 때만이라도 제 말이 통하게 하옵소서."

짧은 시간이지만 마음을 다해 하나님께 호소하며 기도했습니다. 항상 제게 기쁨으로 평안으로 능력으로 찾아와 주신 하나님께서 응답해 주셨습니다. 알파벳도 모르는 저에게 방언으로 입을 열어주셨습니다. 하나님만이 하실 수 있는 기적의 도가니였습니다. 남들이 느낄 수 없는 저만이 느낄 수 있는 기적적인 놀라운 일이 벌어졌습니다. 다 알아듣는 눈치였습니다. 눈물을 흘렸습니다.

통회자복이 일어났습니다. 병자가 나았습니다. 기적이 벌어지기시작했습니다. 성령의 불길이 저에게로부터 모든 이들에게 퍼져 나가는 것이 느껴졌습니다. 얼굴과 성품과 몸은 달라도 하나임을 느꼈습니다. 서로를 위해 기도했습니다. 교회를 위해서 기도했습니다. 목회자를 위해서 기도했습니다. 한국을 위해 기도했습니다. 미국을 위해 기도했습니다. 우리는 하나가 된 것입니다. 하나됨을 통해 예수님을 위해서 생명을 던져야 됨을 알게 되었습니다. 갑자기 방언이 멈춰졌습니다.

"어? 어떻게 해요? 하려고 해도 안 나와요."

하나님을 진짜 불렀습니다.

"아버지! 도우셔야 돼요."

분위기상 흥분되었던 저의 마음이 어느새 착잡해지고 말았습니다. 통역하시던 분이 "수고 많이 하셨습니다."라고 말했습니다. 그러자 하나님께서 "웃어 주면 돼."라고 말씀하셨습니다. 그냥 웃었습니다.

이리하여 부흥회는 나날이 뜨거워졌습니다. 통역하시던 분도 성령으로 하나되고 나니 제 말을 잘 알아들었습니다. 통역하며 몇 시간 부흥회가 인도되었습니다. 이 모든 기적 같은 일들이 저에게는 현실의 축복으로 다가왔고, 주의 일 하는 자로 자리 잡게 되었습니다.

미국 사역은 계속 진행되었습니다. 이 교회 저 교회로 이끌려 다녔습니다. 왜 허락했느냐면 그 장로님 만날 생각 때문이었습니다. 그러나 나중에 안 사실은 미국 현지인 교회에는 한국 사람이 오지 않는다는 것이었습니다. 일곱 군데 정도 하고 나서 알았습니다. 그래서 그만두려고 했습니다. 그랬더니 목사님들이 이렇게 제안했습니다. 그러면 한국인들이 사는 곳에 가서 부흥회를 해 달라는 것이었습니다. 한국인들이 사는 곳이 있느냐고 물었더니 있다고 했습니다. 따라가 보니 교회당이 아니고 강당이었습니다. 어른이 되어 안 사실은 미국 교회 본당은 우리나라 강당처럼 지어져 있는 곳이 많다는 것입니다. 저는 한국에서 본 교회당이 전부였기 때문에 미국 교회는 더 아름다울 줄 알았습니다. 그러나 현실은 그렇지 않았습니다. 지금 생각해 보니 미국 현지 교회가 우리나라 강당 느낌이었나 봅니다.

교회가 크다 보니 2부로 한인 교회로 쓰고 있는 곳이었습니다. 한인들도 있었습니다. 현지인도 있었습니다. 미국인 한국인이 같이 부흥회에 참석했습니다. 처음으로 한 연합 예배였습니다. 거기에도 제가 찾고 있던, 제 다리 고쳐 주신 의사 장로님은 보이지 않았습니다. 미국 부흥회는 한국 부흥회와는 다르게 밤에만 했습니다. 한국에서 볼 수 있는 3박4일 부흥회, 4박5일 부흥회, 새벽 오전 오후 세 번 하는 부흥회. 상상할 수도 없었습니다. 다들 열심히 살지만 여유 있어 보였습니다. 그러나 은혜는 뜨겁게 사모하고 받았습니다. 키 크고, 코 크고, 덩치 큰 사람들이 눈물을 흘리며 하나님께 호소하며 나아가는 신앙 자체가 한국과는 조금 느낌이 달랐습니다.

점점 미국 부흥회 인도가 몸에 배어 왔습니다. 병자들이 나았습니다. 기적이 일어나기 시작했습니다. 모여들기 시작했습니다. 다리가 길어졌습니다. 사방에서 울려 나오는 환호 소리로부터 제 귀에 들려오는 메아리 소리까지 모든 것이 환상적으로 저를 사로잡았습니다. 왔다 갔다 몇 년이 훌쩍 지났습니다. 미국이 강대국인지도 알게 되었습니다. 한 주가 우리나라만 한 곳도 있다는 사실도 알게 되었습니다. 우리나라를 위해서 기도가 되었습니다. 날 알아주는 미국이 좋았습니다. 모든 사람들이 그런 것은 아닐지라도 제가 가는 곳에서는 절 알아줬습니다. 어느 어느 주에 다녔는지는 기억하지 못합니다. 그러나 미국에 주가 많다는 사실을 몸소 체험하게 되었습니다.

강사료도 받게 되었습니다. 저는 우리나라 돈만 보았기 때문에 미국 달러가 어떻게 생겼는지 몰랐습니다. 저를 도와주시는 분께 여쭤 보았습니다.

"이거 가져가면 우리나라 돈으로 바꿔 줘요?"

빙그레 웃으시며 "많이 바꿔 주죠." 겁이 났습니다. 그때부터 근심이 되었습니다.

'우리나라 돈으로 주지. 옷도 사 입고 엄마도 갖다 주고…'

오래간만에 떠오르는 엄마 얼굴이 너무 보고 싶었습니다. 울기도 했습니다. 그러면서도 점점 미국에 정이 들기 시작했습니다. 부흥회는 점점 커져만 갔습니다. 더 많은 병자가 왔습니다. 기적이 일어났습니다. 하나님께서 함께하시는 모든 일들은 다 기적이었습니다. 벙어리가 말을 했습니다. 다리가 길어졌습니다. 여러 가지 일들을 보게 되었습니다.

미국 집회에서
체험한 하나님의 영광

미국 집회에서의 일들을 다시 한 번 상기하며 하나님께 영광 돌리고 독자 여러분에게 글로써나마 능력의 하나님을 소개하기를 원합니다. 또한 이 능력의 하나님께서 여러분을 감동적으로 만나 주시기를 소원합니다.

벙어리가 말을 했습니다.

부흥회 시작 전 제 눈에 띈 예쁜 아가씨 한 분이 있었습니다. 예뻐서 제 눈에 띈 것이 아닙니다. 저를 보고 자꾸 웃었습니다. 눈에 들어왔습니다. 저도 같이 웃었습니다. 한두 번 눈이 마주쳤습니다. 웃는 모습이 저처럼 조금 부자연스러워 보였습니다. 그 때부터 제 눈길은 그 많은 무리 중에 그 아가씨에게만 꽂혀 있었습니다. 하나님의 눈길도 저와 여러분에게 이렇게 꽂혀 있기를 소원합니다. 집회가 시작되었습니다. 찬양을 했습니다. 이상한

게 느껴졌습니다. 웃기만 하고 찬양도 따라 하지 않았습니다. 박수도 엇갈리게 쳤습니다. 제 머릿속에 뭔가가 스쳐 왔습니다.

'하나님이 보내셨구나, 작업하시려고.'

갑자기 기대가 되었습니다.

'아! 하나님이 나를 또 어떻게 쓰실까?'

제 마음이 두근거렸습니다. 확신이 생겼습니다. 소망이 생겼습니다. 부흥회를 인도하다가 갑자기 튀어나온 주체하지 못할 말.

"앞으로 나오세요."

나도 모르게 그 아가씨를 앞으로 불러냈습니다. 그 뒤로부터는 저의 정신도 바로잡을 수가 없었습니다.

'하나님 어떻게 해요?'

급할 때 하나님 찾는 것이 제 특기입니다.

'하나님! 저 일 저지른 것 아시죠?'

하나님을 연거푸 불렀습니다. 통성기도를 시켰습니다. 눈을 뜨고 있는 사람은 저와 통역관과 그 아가씨와 보호자, 그리고 하나님! 당신이 일하셨습니다. 눈먼 맹인에게 흙을 으깨어 바르고 가서 씻으라 하신 말씀처럼 저에게도 말씀하셨습니다.

"사랑하는 딸아 내가 너를 사랑한다. 내가 너를 붙들리라 강하고 담대하라."

그 말씀을 듣는 순간 저는 외쳤습니다.

"예수 이름으로 명하노니 에바다! 열릴지어다!"

하나님께서 만드신 인체의 모든 기능들이 회복되었습니다. 정상으로 회복시켜 주셨습니다. 똑똑하지는 못했지만 한 마디 한 마디 들리게 되었습니다. 귀가 열렸습니다. 반응이 보였습니다. 하나님을 높이기 시작했습니다. 행동으로 옮겨졌습니다. 두 손을 들었습니다. 두 눈에 눈물이 흘렀습니다. 입술은 하나님을 불렀습니다. 하나님이 인간을 만드시고 심히 좋았더라 하신 모습으로 바뀌어 갔습니다. 이것은 단지 기적이 아니었습니다. 우리의 믿음으로 그 아가씨의 믿음으로 일어날 수밖에 없는 하나님의 축복이었습니다. 떠듬떠듬한 목소리로 따라 불렀습니다.

"내 영혼이 은총 입어 중한 죄짐 벗고 보니 슬픔 많은 이 세상도 천국으로 화하도다."

다 같이 불렀습니다.

"할렐루야 찬양하세 내 모든 죄 사함 받고 주 예수와 동행하니 그 어디나 하늘나라."

꿈꾸던 하늘나라의 모습이 우리 가운데 펼쳐진 것입니다. 멀리만 있었던 내 아버지의 기적이 우리에게 보인 것입니다. 아수라장이 되었습니다. 그 큰 덩치의 사람들이 환호성을 지르며 아멘을 외쳤습니다. 언어는 다르고 몸짓은 달랐어도 내 하나님을 찬양하는 믿음은 하나였습니다.

또 다른 간증입니다. 하나님의 기적은 머리부터 발끝까지 임하지 않는 곳이 없습니다.

앉은뱅이 이야기를 해 볼까요? 부흥회를 인도하러 집회 장소에 들어갔습니다. 다른 때 못지않게 많이 모여 있었습니다. 미국 사람들은 처음에 강사가 들어갈 때는 일어서서 환호해 줍니다. 은혜가 넘치면 잘 앉지 않습니다. 새 술에 취한 듯이 적극적으로 하나님을 찬양합니다. 남의 눈치 보지 않습니다. 개개인이 자유 분방합니다. 그러나 남의 인격도 잘 이해해 줍니다. 다 일어나는 분위기라도 일어나지 않는 사람들을 이상하게 보지 않습니다. 자기 생각이 있기 때문입니다. 한 아주머니가 의자에 앉아 있었 습니다. 휠체어는 아니었습니다. 저는 단지 성격이 조용한 분 아 니면 하나님을 체험치 못한 분 아니면 몸이 아프신 분일까, 라고 생각했습니다. 이 생각 저 생각이 났습니다. 눈에 띄었습니다. 오 히려 많이 열광하는 분들보다 제 눈에 띄었습니다. 하나님 눈에 도 띄는 것이 중요합니다.

부흥회가 시작되었습니다. 찬양하며 나아갔습니다. 회개의 영 이 임했습니다.

"나 같은 죄인 살리신…"

저는 이 찬양을 영어로 할 때가 제일 좋습니다. 제가 알아듣 는 유일한 영어 찬송이었습니다. 이날도 찬양을 불렀습니다.

"나 같은 죄인 살리신…"

사람들은 울기 시작했습니다. 저도 울었습니다. 서로 부둥켜안 고 울었습니다. 이때 제가 안고 싶은 사람이 떠올랐습니다. 어디 서 무슨 이유로 부흥회에 참석했는지 모르지만 분명 이유 있는 사람이었습니다. 가서 안았습니다. 통성기도를 했습니다. 다시 마이크를 잡았습니다. "자기가 안고 기도했던 분들께 서로 축복해 주세요."라고 외쳤습니다. 저도 그분에게 외쳤습니다.

"주님의 이름으로 축복합니다. 기도응답 받기를 원합니다."

멀뚱멀뚱했던 그 여자의 눈에서 눈물이 흘러내렸습니다. 통역관이 통역했습니다. 제가 외치는 말 "축복합니다. 기도응답 받기를 원합니다."라고 통역관이 말을 끝내기도 전에 "아멘!"으로 외쳤습니다. 영어로 무슨 말을 외쳤습니다. 깜짝 놀랐습니다. 통역관이 제게 통역하기도 전에 옆에서 다들 "아멘!"을 외쳤습니다. 저는 멀뚱멀뚱 무슨 말인지 몰랐습니다.

"걷기를 원한대요."

통역관의 말을 전해 듣는 순간 제 마음에 근심이 찾아왔습니다. '하필 앉은뱅이야, 잘못 걸렸네. 어쩌면 좋을까.'

잠시 내가 한다는 생각이 있었습니다.

'하나님 도와주세요.'

하나님을 찾았습니다. 급했습니다. 무슨 말을 해 주어야겠는데 할 말이 생각나지 않았습니다.

"딸아 안심하라. 네가 하니? 내가 하지!"

와! 그 말씀 한마디에 눈물이 와르르 쏟아졌습니다.

"아버지 사랑해요. 아버지 사랑해요. 아버지 사랑해요."

수없이 고백하고 싶었습니다. 저는 제 하나님의 능력을, 위대함을, 아버지의 일하심을 하루에도 수없이 체험했기 때문입니다. 외쳤습니다.

"하나님이 일하신다. 딸아 평안할지어다."

제 마음을 전했습니다. 그대로 외쳤습니다.

"평안할지어다. 일어날지어다!" 이 한마디 "일어날지어다. 주 예수의 이름으로 명하노니 일어나 걸어라."

어떻게 되었을까요? 당신의 하나님은 어떤 분이십니까? 제 하나님은 일하셨습니다. 일어나 걸었습니다. 다리에 힘이 생겼습니다. 비틀거리는 모습으로 일어났습니다.

"온전히 걸을지어다."

와! 제 믿음 좋죠? 독자 여러분에게도 하나님을 사모하는 놀라운 믿음이 더 강하게 임하시기를 소원합니다.

두 번째 금식

소문에 소문이 났는지 방송에 제 모습이 나왔습니다. 처음 저는 마이크도 어떻게 잡아야 할지 몰랐고 또 기도도 어떻게 인도해야 될지 몰랐고 통성기도도 어떻게 붙붙여야 할지도 몰랐습니다. 이런 저에게 하나님께서는 하나하나 꼼꼼하게 가르쳐 주시며 섬세하게 화답해 주셨습니다.

그런데 시간이 지나면서 그 아버지를 잊어 가기 시작했습니다. 마치 내가 잘나서 이런 일이 일어나는 것으로 착각하고 있었습니다. 내가 기도했기 때문에, 이런 일이 당연히 일어난다는 생각이 들고 있었습니다. 사람들이 모여들기 시작했습니다. 당연히 미국 사람들이 많았습니다. 미국 땅이었으니까요. 한편으로는 의아해하는 모습으로 왔다가 하나님 만난 사람도 있었고 병 고치러 왔다가 모든 인생의 주관자 되시는 하나님 그분을 만나고 간 사람도 있었습니다.

소문은 날로 날로 날개를 달고 날아가듯 퍼졌습니다. 재미가 있었습니다. 주님이 주시는 사명감으로 하는 일에 재미가 느껴진다면 자아가 살아나고 있다는 증거인 것입니다. 저를 들어 쓰시는 하나님께서는 날마다 날마다 새로운 기적으로, 더해 가는 능력의 말씀으로 사람들의 마음을 사로잡았습니다. 몰려오고 몰려오고 또 몰려왔습니다. 마치 바다에 파도가 몰려오듯 작은 저의 마음에는 거대하게 느껴졌습니다. 그동안 초라했던 제 모습을 잊을 정도였습니다. 아니 완전히 잊어버렸습니다. 능력을 소유한 자로 굳혀지고 있었습니다.

이럴 때쯤 하나님께서 '교만하지 말아라. 첫 사랑을 잃지 말아라.'

혼자 있는 시간이면 수없이 속삭이셨습니다.

'나 잘하고 있잖아요. 보시잖아요. 아시잖아요.'

이 세 마디를 하나님께 토했습니다. 집회는 이곳저곳에서 계속 이루어지고 있었습니다. 사람들이 더 많이 모였습니다. 미국에 대해서 관심이 많아졌습니다. 수도가 어디인지, 대통령이 살고 있는 집이 어디인지 직접 가 보지는 않았지만 들을 수 있었습니다.

"하나님! 수도도 가 보고 싶고, 백악관도 가 보고 싶어요."

집회는 계속 이루어졌습니다. 말씀과 기도와 안수로 기적이 체험되고 있었습니다. 사람들 가운데 제가 마시던 물만 마셔도 병이 낫는 체험을 하게 되었습니다.

문득 겁이 났습니다. 처음 은혜 받지 못했을 때의 제 모습이 떠올랐습니다. 굉장히 많이 바뀌어져 있었습니다. 마이크도 어떻게 잡고 인도해야 할지 모르는 나였는데 완전 프로가 되어 있었습니다. 하나님께 감사하는 마음은 마음속 밑바닥에 있었습니다. 이 모습을 문득 알게 된 저로서는 아무것도 할 수 없었습니다. 한국으로 돌아와야만 했습니다. 사람들은 말렸습니다.

"여기까지 어떻게 왔는데 한창 전성기 때 접으면 어떻게 해."

달래기도 했습니다. 달래는 이 말 한마디 한마디가 저를 더 괴롭게 했습니다. 하나님 앞에서 전성기가 뭐며 어떻게 왔는데 하는 말이 다 무엇입니까? 제 자신 완전히 하와처럼 숨고 싶은 마음이었습니다. 두 갈래의 마음 여러분은 이해가 되십니까? 사방에서 우리 강사님, 우리 강사님. 마치 제가 전 세계에서 최고가 된 것처럼 암을 낫게 하는 사람, 앉은뱅이를 일으키는 사람, 모든 기적을 행하는 사람으로 예수님 앞에 서 있는 저의 모습을 볼 수 있었습니다. 집회를 마치고 한국으로 돌아와야만 했습니다.

바로 제가 처음 기도하며 만났던 하나님을 만나기 위해 대구로 갔습니다. 다시 기도하기 시작했습니다. 기도가 되지 않았습니다. 미국에서 환호하던 그 모습, 기적들이 일어났던 그 일들, 이 모든 것이 제가 하고 있었다는 자만심을 더 강하게 했습니다. 하나님을 찾으면 찾을수록, 내가 여기서 조용히 있어야 할 사람이 아닌데 하는 생각을 부추겨 저를 사로잡았습니다. 찬양했습니다. 억지로 하는 찬양이었습니다. 기도를 했습니다. 원망하는 기도였습니다. 마치 모세가 궁전을 저버리고 광야 생활을 택한 기분이 이런 것이었을 것입니다. '지금이라도 가면 부흥회 할 수 있는데' 자신감이 있었습니다.

처음에 미국에 갈 때 제 모습과는 완전 다른 모습이었습니다. 바뀌지 않았습니다. 하나님 두려워하는 생각이 점점 작아져 갔습니다. 자아가 더 살아나는 것을 느꼈습니다. 기도원에서는 부흥회가 계속 되었습니다. 우스워 보였습니다.

'나는 저보다 잘할 수 있는데.'

조용히 있으려니 속에서 천불이 났습니다. 부글부글 끓었습니다.

'하나님 나는 광야는 싫어요. 왜 내가 다시 여기에 있어야 되죠?'

수없이 반복하며 외쳤습니다. 사실 하나님께서 미국으로 길을 여신 것은 알겠는데, 이곳에 다시 오게 하신 분이 하나님이신 줄 몰랐습니다. 원망이 더 진해 갔습니다. 미칠 것 같았습니다. 내가 부흥회할 때는 앉은뱅이도 일어났는데⋯. 내가, 내가, 내가가 수없이 나왔습니다. 저도 모르게 말씀을 툭 펼쳤습니다.

"사랑하는 자여 네 영혼이 잘됨과 같이 네가 범사에 잘되고 네가 강건하기를 내가 간구하노라."

하나님은 저에게 영으로 고백하기를 원하셨습니다. 마치 저 산꼭대기에서 태풍을 만났다가 순식간에 멈춰 버린 고요함, 잔잔함. 두 뺨에 흘러내리는 핏줄기 같은 눈물, 말없이 힘없이 울고만 있어야 하는 멈추지 않은, 멈춘 내 심장. 하나님께 호흡까지도 다시 맡겨야만 했습니다.

2차 금식이 시작되었습니다. 말씀의 힘이 이렇게 위대하다는 사실, 여러분 체험해 보셨습니까? 수없이 나 잘났다고 요동한 저의 마음이 주님의 사랑한다는 그 한마디에 순식간에 식음을 전폐할 정도로 깨어져 버렸습니다. 죄인임을 알게 되었습니다. 수없이 하나님의 도우심을 구했습니다. 평안을 구했습니다.

"나 어느 곳에 있든지 늘 맘이 편하다."

평안치 않았기 때문에 부른 찬양이었습니다. 왜 평안치 않았을까요? 처음 내 인생은 비참한 인생이었는데, 하나님 만남으로 모든 사람들에게 환호를 받을 만큼 놀랍도록 굉장한 인생으로 바뀌었는데, 또 죽어져야 된다는 생각에 괴로웠습니다. 빛도 없이 묻힌 채 성치 못한 몸을 가지고 사는 인생으로 돌아간다는 것이 정말 싫었습니다. 나도 몰래 찾아온 교만, 자리 잡은 아집, 떨쳐 버려야만 했습니다. 그래야 우리 하나님을 볼 수 있었습니다.

금식해야만 했습니다. 했습니다. 수없이 울었습니다. 처음에는 억울해서 울고, 금식하기 싫어서 울고, 밥 먹고 싶어서 울고, 한 20일이 지났습니다. 천국을 다시 보게 되었습니다. 제 마음에 감사가 일어났습니다. 하나님의 그 큰 사랑이 다시 느껴지며 몸부림치게 되었습니다. 이 세상 무엇과도 바꿀 수 없는 우리 하나님의 크신 사랑, 지금도 그 사랑 누리며 느끼며 감사하고 살아가고 있습니다.

30일이 지났습니다. 말씀을 펼쳐 주시는 하나님, 말씀을 풀게 하시는 하나님, 창세기부터 요한계시록까지 성경 66권의 모든 말씀을 보여 주시며 알게 하셨습니다. 교만해지려야 해질 수가 없었습니다. '말씀이 육신이 되어 우리 가운데 거하시니⋯ 사나 죽으나 우리는 주의 것이로다⋯' 비밀의 하나님을 찬양합니다.

여러분과 함께 이 말씀들을 나눌 그날을 기대합니다.

하나님의 주권적인 돌보심의 은혜로 금식을 마치고 보호식에 들어갔습니다. 장기 금식은 보호식이 굉장히 중요합니다. 제가 하나님 손에 이끌려 성령님의 감동함으로 한 금식은 40일 장기 금식이었습니다. 그랬기에 보호식도 까다로웠습니다. 장기 금식을 잘 마치고도 목숨을 잃는 사람들이 많습니다. 먹게 되었다고 막 먹으면 즉사합니다. 그렇기에 보호식 동안에도 자신과의 싸움이 계속되었습니다. 하나님의 돌보심을 날마다 체험해야만 했습니다. 먹고 싶은 유혹, 아무리 먹는 것을 좋아하지 않는 사람도 금식 이후에는 유혹이 따릅니다.

처음에는 된장을 조금 푼 물 먼저 먹어야 합니다. 하루 정도 지나면 쌀뜨물 같은 아주 연한 미음이 나옵니다. 이것을 한 3일 맛봐야 합니다. 금식할 때보다 더 괴롭습니다. 닭고기도 먹고 싶고, 쇠고기도 먹고 싶고, 들판의 무 뿌리도 먹고 싶고, 아이들 과자도 뺏어 먹고 싶고, 그때의 제 마음 이해가 되시는지요? 꼭 이해해 주셨으면 합니다. 살얼음처럼 달래야만 하는 저의 몸 일부인 위장, 화내면 무섭거든요. 죽을 수도 있습니다.

오히려 금식할 때보다 어지럽고 앞이 안 보입니다. 냄새란 냄새는 코에 다 들어옵니다. 한 5일이 지나면 곱게 간 미음이 나옵니다. 한 10일 정도 먹어야 합니다. 먹기 싫습니다. 밥 먹고 싶습니다. 제가 지금 알려드리는 방법은 누구에게도 배운 것이 아닙니다. 기도원에 수종 드는 분들도 몰랐습니다. 어려움을 많이 당합니다. 하나님께서 가르쳐 주셨습니다. 이렇게 이렇게 이렇게 먹어라, 순종하면서도 참 어렵습니다. 자아가 죽어져야만 하는 과정입니다.

그러나 하나님이 함께하시는 어려움은 견딜 수 있습니다. 참을 수 있습니다. 감사가 나옵니다. 10일 정도 지나면 통죽을 먹습니다. 물김치도 나옵니다. 당연히 국물만이죠. 건더기 먹으면 죽어요. 속 쓰려요. 아시죠? 다음에 기회가 된다면 꼭 이렇게 하십시오. 그러나 이런 기회는 안 오기를 원합니다. 금식은 너무 힘드니까요. 여러분은 다들 순종 잘하시죠? 저도 이제부터는 금식 안 하려고 순종합니다. 밥을 먹기까지는 금식한 그 일수만큼 죽과 싸워야 합니다. 30~40일 지나면 밥을 먹습니다. 참 맛있죠.

고아들의 친구가 되다

이 보호식을 하고 있을 때의 일입니다. 한 신사분이 기도원을 찾아오셨습니다. 기도원에는 하루에도 여러 사람이 왔다 갔다 합니다. 그런데 이 사람은 제 눈에 띄었습니다. 원장님과 대화하는 내용이 제 귀에 들려왔습니다. 고아원을 운영하시는 장로님이셨습니다. 고아 중에 몇 놈이 속을 썩여 하나님께 고아원을 계속해야 할지 말아야 할지 기도하러 왔다고 말씀하셨습니다. 그 말을 듣는 순간 제 마음에 '참 나는 고아가 아니지.' 우리 엄마 우리 식구들 얼굴이 막 떠올랐습니다.

'우리 집은 예수님 섬기는 가정이지.'

제 마음에 좋은 가정에 태어나게 해 주신 것, 예수님 섬기는 부모님 주신 것, 감사가 터져 나오기 시작했습니다. 잠시 자리를 비웠습니다. 많이 울었습니다. 몇 시간을 울었습니다. 항상 고아처럼 혼자라고 생각했습니다. 저를 위해 기도해 주시는 부모님이 계셨습니다. 갑자기 고아들에게 미안하다는 생각이 불 일 듯이 일어났습니다. 기도를 얼른 마치고 원장님께 갔습니다.

"원장님, 아까 그 고아원 원장님 어디 가셨어요? 언제 가신대요?"

대답도 하시기 전에 몇 가지 질문을 동시에 했습니다. 원장님께서 "나도 성격이 급하지만 너도 급하니?" 답했습니다. "원장님 닮아가잖아요." 그 한마디에 원장님의 말투가 달라졌습니다. 아주 부드러워졌습니다. 여러분들도 누구에게나 대화하실 때 예수님의 사랑으로 대화하시는 지혜가 임하기를 원합니다.

"저기 계시네."

기도실에 계시다고 손짓으로 알려 주셨습니다. 갔습니다. "너힘 없잖아. 가서 뭐 하려고?" 하시며 들어가셨습니다. 저는 찾아 갔습니다. 대화가 시작되었습니다. 저의 말에 귀를 쫑긋 세우시고 경청해주셨습니다. 처음으로 한 사람을 놓고 하는 금식 이후의 부흥회였습니다.

"당신이 안 돌보면 그 아이들 죽습니다. 하나님이 당신을 버려도 좋습니까? 하나님 마음으로 하나님이 당신에게 베푸신 사랑으로 품으십시오. 당신도 하나님 애 많이 먹였잖아요."

그 한마디에 금식 끝이라 파워가 있었는지, 힘은 없었는데도 KO 승이었습니다. 그때부터 장로님께서 사명감으로 돈 벌기 위해서가 아니라 사업으로가 아니라 진짜 사명감으로 내가 고아되었을 때 하나님께서 내 아버지가 되어 주심같이 그들을 품어

안기 시작했습니다.

그때부터 제 생애에도 고아를 생각하게 되었습니다. 고아원도 가보게 되었습니다. 방문 차원이 아니라 진짜 내 집처럼 내 사명으로 여기고 방문해야 했습니다. 미국 사역과는 판이하게 달랐습니다. 내가 희생되어야 했고, 말조심해야 되었고, 행동도 조심해야 되었고, 조심할 것투성이였습니다. 축복을 해도 반항이 오고, 훈계를 해도 너나 잘하라는 말이 왔습니다. 맞는 말이었습니다. 부글부글 끓어오르는 성질을 주체하지를 못했습니다. 그러나 제게는 예수님의 권위가 있었습니다. 나이는 얼마 되지 않았지만 하나님이 높여 주셨습니다. 기도했습니다. 그들을 사랑하기로 했습니다. 저의 말에 귀를 기울여 주었습니다. 서로 끌어안았습니다.

그때부터 지금까지 고아들에게는 완벽하게 자유한 존재로 남게 하셨습니다. 그들의 아픔과 슬픔과 즐거움을 이해하고 또 이해할수 있는 베풀 수 있는 자리에 높여 주셨기 때문입니다. 천국 가는 그날까지 고아들의 친구요, 고아들의 영적 어미요, 사랑하는 연인으로 남기를 소원합니다. 이렇게 고아원 사역도 시작되게 하셨습니다. 천국 가는 그날까지 영적 고아들에게도 예수 사랑 전하기를 소원합니다.

고아원 사역을 말씀드리려고 합니다. 제 자랑으로 느끼시지 않기를 기대하며 조심스레 여러분들과 함께 한 번 더 생각하는 시간을 갖기 원합니다.

저는 그 장로님의 힘이 되고 싶었습니다. 그 장로님을 만난 이후로 미국 사역은 제 마음에서 거의 접힐 정도로 고아원 사역이 사명으로 느껴지며 다가왔습니다. 그동안에 미국 사역 하면서 강사료 받은 것이 조금 있었습니다. 저에게는 골칫덩어리였습니다. 쓸 줄을 몰랐고, 감당할 수도 없는 달러. 저는 그 당시에 달러로 입금되면 달러로 찾는 줄 알았습니다. 그리 생각하는 저에게 달러는 골칫덩어리였습니다. 헌금도 할 수 없고, 아무것도 할 수 없는 그렇다고 남 줄 수도 없는 기도 제목 중의 하나였습니다.

"하나님! 이 달러 좀 어찌 좀 해 주세요. 주시려면 한국 돈으로 주시지."

지금도 달러는 별로 안 좋습니다. 골치가 아픕니다. 한국 돈이 좋습니다. 골치 아픈 달러를 없앨 기회가 왔습니다.

"원장님 달러 아세요?"

빙그레 웃으셨습니다. 그때부터 고아원으로 달러가 들어가기 시작했습니다. 아이들이 공부도 할 수 있었습니다. 국가에서는 의무 교육만 해 주었습니다. 아이들에게 더 중요한 것을 가르쳤습니다. 하나님의 말씀과 하나님의 축복과 세상에서 누릴 복을 가르쳤습니다. 대학 가는 아이들이 많이 생겼습니다. 참 감사한 일이었습니다. 저보다 나이 많은 아이들도 있었습니다. 어린 나이에 하나님께서 쓰심에 대해서 다시 한 번 감사를 해야만 했습니다. 미국을 다시 가야만 했습니다. 하나님께서 고아들을 통하여 다시 일하고자 하는 마음이 생기게 하셨습니다. 하나님의 사랑을 더 느꼈습니다. 몸이 완전히 회복되었습니다. 1~2년이 흘렀습니다.

지금도 제가 기억하고 있는 대구 어느 한 모퉁이 소망기도원, 소망고아원. 이 소망이라는 단어가 생생히 기억나며 지금도 저와는 교제가 지속되고 있습니다. 하나님께 모든 영광을 돌립니다. '소망기도원 원장님'은 다시 저를 미국으로 가게 하는 통로였습니다. 하나님이 다시 쓰시기 위해서 만나게 하신 분이었습니다. 자기를 희생하며 낮아지고 하나님을 붙들 때 아버지께서는 더 큰길을 예비하시고 여시고 감당케 해 주시는 분이셨습니다.

다시 열린 미국 사역의 길

　달러를 확인하시고 미국에 대한 대화가 오고 가기 시작했습니다. 그때부터 저의 미국 사역에 대해서 간증하게 되었습니다. 장로님의 얼굴에는 놀라는 기색이 역력했습니다. 장로님의 처제가 미국으로 건너가 미국인과 결혼을 해서 미국에서 살고 있기 때문에 미국에 대해서 조금 박식한 분이셨습니다. 제 얘기도 들은 것 같다고 했습니다. 서로 대화를 나누었습니다. 대화의 주인공은 바로 저였습니다. 너무너무 놀라운 표정이었습니다. 그 기적의 사역자가 바로 자기 앞에 있다며 장로님은 아주 기뻐했습니다.

　"미국 다시 가지 않으시렵니까?"

　저에게 조심스레 반문하셨습니다.

　"가고 싶죠. 하나님께서 뜻이 계시면 다시 길을 여시고 홍해를 가름같이 길을 보여 주실 줄 믿습니다."

　저는 한 번 갈 수 있는 곳이면 언제든지 마음만 먹으면 갈 수

있다고 믿고 있었습니다. 그러나 미국은 달랐습니다. 제 힘으로
는 다시 갈 수가 없었습니다. 미국인들의 머릿속에는 제가 남아
있지 않은 존재였습니다. 한국 사람인데다 어린 나이에 주의 일
을 한 사람이기 때문에 그 당시의 기적의 사람으로만 남아 있을
뿐이었습니다. 다시 찾지도 않았습니다. 저는 미국에서 일했던
사역들이 너무너무 그리웠습니다. 하나님께서 저를 처음 쓰신
곳이고 너무 뜨겁게 쓰신 곳이기 때문에. 한편으로는 그때 일들
이 막 떠올랐습니다.

"어떻게 잡은 기회인데 놓치고 가려 하느냐."

이러한 말들이 제 마음에 쟁쟁거렸습니다. 그러나 실제로는 잡
을 건더기도 없었습니다. 완전히 잊혀 버린 것입니다. 지금도 기
도합니다. 함께했던 하나님의 기적을 맛보았던 수천 명의 사람
들, 그 기적 속에 만난 하나님은 잊지 않기를 간절히 바라는 마
음입니다. 벙어리 아가씨, 앉은뱅이 아주머니 등등. 보고 싶고 만
나고 싶은 사람들 중의 하나입니다. 그들의 기억 속에는 하나님
의 능력과 어리지만 부흥회를 인도했던 한국인 부흥강사를 기억
하리라 믿습니다.

미국에 다시 가고 싶었습니다. 저의 입에서 "하나님! 저 이제
생각까지도 아버지께 맡기오니 미국 길을 열어 주세요. 한 번만
더 열어주세요. 아버지 위해 일할게요. 교만하지 않을게요."라는
기도가 나왔습니다. 저의 두 눈에는 눈물이 주르르 흘러내렸습
니다. 장로님이 보시고 "갑시다. 제가 도울게요." 달러를 건네주

고 하룻밤 잤습니다. 소망기도원에서 아이들 몇 명과 잤습니다. 잠이 오지 않았습니다. 저도 고아가 된 기분이었습니다.

"하나님! 저 고아 아니잖아요. 하나님이 길을 여셔서 고아원 아이들 돕는 주의 종 되게 해 주세요."

밤새 누워서 기도했습니다. 산 위에서 부르짖을 때 만나 주신 하나님, 고아들과 누워서 기도할 때에도 위로와 평안으로 응답해 주셨습니다. 만나 주셨습니다. 들려왔습니다.

"가게 해 줄게. 가게 해 줄게."

어디로 가야 할지 말씀하시지는 않으셨지만 저에게는 확신이 들었습니다. 아침에 일어났습니다.

"장로님 내 하나님이 내 아버지가 미국 보내 주신대요."

저는 자신 있게 선포했습니다.

한 달쯤 지났습니다. 집에도 갔다 오고 학교도 들러 보아야 했습니다. 잠깐 스치고 가는 낙엽처럼, 매일 다니는 친구들과는 달리, 저의 학교생활은 일 년에 몇 번 가는 게 고작이었습니다. 그래도 결석처리가 되지 않았습니다. 몸이 부자유스러웠기 때문에, 건강이 좋지 않았기 때문에 이것이 허용되었습니다. 의사 선생님의 소견서와 병원의 진단서만 있으면 됐습니다. 기도원에 자주 다니는 의사 선생님도 있었고, 여러 의사 부인들도 있었기 때문에 소견서 받는 것은 그때 당시에는 식은 죽 먹기였습니다. 하나님이 허락하셨기 때문임을 세월이 지난 뒤 알게 되었습니다.

약 한 달이 지난 뒤 기도원에서 다시 소망고아원 원장님을 만나게 되었습니다. 너무너무 반가웠습니다. 저에게는 확신이 들었습니다. 장로님을 만나는 순간 '야! 미국 문 열렸다.'라는 확신이 제 마음을 사로잡았습니다. 제가 먼저 물었습니다.

"장로님, 미국에 가게 된 거죠?"

장로님은 놀라는 표정이었습니다.

"어떻게 알았지요?"

"내 하나님께서 장로님을 뵙는 순간 알게 하셨습니다."

이때부터 미국 집회가 다시 잡혔습니다. 처음 간 집회와는 달랐습니다. 한인 교회 집회였습니다. 처음에 길을 여실 때에는 미국 현지 교회 부흥회였는데 금식 이후 다시 여신 미국 길은 한인 교회 집회였습니다.

모든 서류와 미국에 건너가야 될 조건들을 장로님이 준비해 주셨습니다. 저는 한국인 동행으로 갔기 때문에 처음 갈 때와는 다르게 절차가 조금 까다로웠습니다. 그러나 처음 간 행적이 있었기에 쉽게 풀렸습니다. 갔습니다. 드디어 미국이었습니다. 첫 번째 간 미국 길과는 너무나 달랐습니다. 조금은 서글펐습니다. 어찌어찌하여 교회까지 갔습니다. LA 지역인 것 같습니다. 한국인들이 참 많이 있었습니다. 교회에 가 보았습니다. 미국인 교회였습니다.

'아니 왜 미국인 교회지?'

궁금했습니다. 묻기도 전에 설명을 해 주었습니다. 현지 교회를 빌려서 2부로 예배드리고 있다고 하였습니다. 이해는 안 되었지만 어쨌든 따라야만 했습니다. 부흥회 기간만큼은 편하게 사용하라 했습니다. 부흥회가 시작되었습니다. 첫날은 너무너무 답답했습니다. 다들 피곤에 찌들어 있었습니다. 찌들어 있는 육신과 영혼에 생기가 들어갔고 기쁨이 들어갔습니다. 몸이 나았습니다. 부르짖기 시작했습니다. 찬양하기 시작했습니다. 박수를 쳤습니다.

둘째 날이 되었습니다. 미국인들도 조금씩 모이기 시작했습니다. 집회는 계속되었습니다. 그 자리에서 한국인이 통역을 맡게 되었습니다. 이제야 좀 신이 났습니다. 찬양 부르는 끼도 달랐습니다. 미국인들은 자유분방했습니다. 그에 비해서 한국인들은 거룩했습니다. 성령님이 임했습니다. 병자가 나았습니다. 한국인, 미국인 다 하나가 되어 부르짖었습니다. 부흥회는 꼬리를 물고 자꾸 이어졌습니다. 첫 번째 때 쓰시던 하나님께서 다시 사용해 주셨습니다. 미국인 교우들이 많이 많이 모였습니다. 강당과 같은 교회에서 다시 부흥회를 했습니다.

그러다가 백악관에 가게 되었습니다. 미국 집회를 가는 곳마다 하도 기적이 많이 일어나니까 소문이 난 것입니다. 아버지 부시 대통령이 부흥회에 참석했습니다. 아무 연락도 없이 추레한 잠바를 입고. 아저씨 몇 분과 같이 오셨습니다. 경호하는 분들인 것 같았습니다. 제 마음이 덜컥 내려앉았습니다. 다리가 떨렸습니다. 한눈에 알아볼 수 있었습니다. 아버지께서 저에게 알게 하셨습니다.

"사랑하는 내 아들 부시가 왔다."

그 말을 듣는 순간 저의 떨리는 마음은 다시 강해졌습니다. 저의 귀에는 "내가 너와 함께할게. 강하고 담대하라." 이 말씀으로 해석되었습니다. 놀라는 사람들도 있었습니다. 알지 못하는 사람들도 있었습니다. 관심을 가졌다면 알았겠지만 다들 은혜 받느라 정신이 없었습니다. 기적을 체험하느라고 다른 이에게 정신을 둘 수 없었습니다. 하나님의 기적은 계속되었습니다. 폐병이 나았습니다. 각혈을 하며 쓰러지는 사람도 있었습니다. 부시보다는 부채가 필요할 정도로 뜨거움에 싸여 가는 기적의 도가니였습니다. 부시 대통령도 조용히 부르짖었습니다.

예배를 마쳤습니다. 통성기도를 시킨 후 기적을 입은 사람들과 잠깐 만나 교제하고 하나님께 영광을 돌리고 나니 없었습니다. 부시 대통령 말입니다. 바람같이 왔다가 회오리같이 사라진 그분! 하나님을 사랑하는 놀라운 대통령. 참 보기 좋았습니다. 제 머릿속에 지금도 생생하게 남아 있습니다. 그 뒷날 연락이 왔습니다. 백악관 초청이었습니다. 초청장 없는 초청. 대통령의 이름이 아닌 아들을 사랑하는 한 아버지로서의 마음의 초청이었습니다. 백악관! 어디서 많이 듣던 단어였습니다. 제가 처음 미국 갔을 때, "하나님 저 백악관도 가고 싶어요." 했던 그 백악관이 이 백악관인 줄 꿈에도 몰랐습니다. 백악관이라는 주가 있는 줄 알았습니다.

'그러면 이다음 집회는 백악관 주에서 한단 말이야? 생소한 이름이 아니네.'

허락했습니다. 가니까 제가 알고 있는 주 중에 가장 작은 주였습니다. 여러분! 백악관 주 가 보셨나요? 생각보다 소탈한 자리였습니다. 한국말로 열심히 기도해 주었습니다. 나는 아멘으로 다른 분들은 '에이멘'으로 끝났습니다.

그것밖에는 기억이 나지 않습니다. 이름이 같았습니다. '아버지 부시, 아들 부시 참 재미있는 이름이다. 부채로 외우면 되겠네.' 저는 순박한 마음에서 한번 중얼거리고 마음을 비웠습니다.

"아버지! 백악관 다녀오게 해서 감사해요. 교만치 않게 하옵소서. 잊히게 하옵소서."

다시 금식할까 봐 겁이 났습니다. 잘 잊히지가 않았습니다. 인도할 때마다 "부시가 왔다 갔어요." 외치고 싶었습니다. 하나님을 외쳤습니다. 하나님은 우리를 사랑하십니다. 하나님은 우리를 지키십니다. 하나님은 우리를 병에서 자유케 하십니다. 복된 축복의 만남을 외쳤습니다. 저의 머릿속에는 백악관의 일들이 사라져 버렸습니다. 제가 한 한 마디.

"하나님도 약한 자를 강하게 쓰시는 분이므로 당신도 장애인들을 불쌍히 여겨 주세요."

이 한마디의 말이 그 당시 강영우 박사님을 미국 차관보로 하나님께서 세우시기 위한 작업이었다고 저는 믿고 확신합니다.

동부로 서부로 진짜 바쁜 일정을 보냈습니다. 하나도 피곤치 않았습니다. LA로 시카고로 뉴욕으로 버지니아 주에도 갔습니다. 하나님께서 보내셨습니다. 연결 연결되었습니다. 말씀으로 쓰셨습니다. 신유의 기적이 일어났습니다. 병자들이 몰려오기 시작했습니다. 인종의 차별이 없었습니다. 서로 부둥켜안고 울었습니다. 예수님께서 기적을 베푸실 때, 그 많은 무리 중에 "누가 내 옷자락에 손을 댔느냐?"라고 예수님께서 제자들에게 물으셨습니다. 그때 제자들이 이렇게 대답했던 것이 기억이 납니다.

"주여 이 많은 무리 중에 밀치고 또 밀쳐져서 서로 부딪히는데 어떤 이가 손을 대었는지 어떻게 알 수 있겠습니까?"

다 알고 있는 내용이죠. 이 말씀이 생각날 정도였습니다. 많은 병자가 몰려오고 몰려올수록 소문은 더 커져 갔습니다. 집회는 이곳저곳에서 계속되었습니다. 찬양하고 춤추고 부르짖고 천국과 지옥을 왔다 갔다 하는 귀하고 복된 집회였습니다. 하나님께서는 저를 기억하고 계셨습니다. 처음 미국으로 보내서 쓰신 것 이상으로 마치 욥이 시험을 당하고 승리했을 때 더 크게 위대하게 존귀하게 축복하셨듯이 저에게도 더 큰 축복으로 화답해 주셨습니다. 저는 천국에 소망을 두고 주의 일을 더 열심히 할 수 있었습니다. 처음의 마음과는 완전히 판이하게 달랐습니다. 교만한 마음이 없었습니다. 하나님을 더 붙들 수밖에 없었습니다. 그렇기에 더 뜨겁게 놀랍게 역사했습니다.

환자들이 몰려왔습니다. 각종 환자들을 다 볼 수 있었습니다. 밀물같이 몰려왔다가 썰물같이 몰려가곤 하는 성도들의 모습들도 보았습니다. 그럴 때면 저에게 위로가 필요했습니다. 부모님도 형제자매도 그리웠습니다. 저는 말씀을 보았습니다. 수시로 말씀을 보았습니다. 찬양했습니다. 미친 듯이 찬양했습니다.

"나 어느 곳에 있든지 늘 맘이 편하다. 주 예수 주신 평안함 늘 충만하도다. 나의 맘속이 늘 평안해. 나의 맘속이 늘 평안해. 악한 죄파도가 많으나 맘이 늘 평안해."

"저 멀리 뵈는 나의 시온성 오 거룩한 곳 아버지집. 내 사모하는 집에 가고자 한 밤을 새웠네."

저의 두 뺨에는 하염없이 눈물이 흘렀습니다. 나 같은 못난이도 하나님께서 쓰시는구나 만감이 교차하는 순간도 있었습니다.

"주님 사랑해요. 주님 사랑해요. 아버지 사랑합니다."

수없이 외쳤습니다. 하나님을 붙들면 붙들수록 "저는 할 수 없습니다. 아버지가 하옵소서. 저를 도구로만 사용해 주옵소서. 하나님께서 천국 가는 그날까지 기억하여 주옵소서." 하는 고백이 나왔습니다. 하나님을 수없이 붙들었습니다.

하나님이 하셨어요

또 환자들이 몰려옵니다. 몰려올 때면 꼭 그 많은 사람들 중에 눈에 띄는 한두 무리가 있었습니다. 제 눈에 띄는 환자들은 나았습니다. 하나님의 기적을 체험하게 되는 것입니다.

각혈 환자도 있었습니다.

암 환자도 있었습니다.

근무력증도 있었습니다.

이유도 없이 시름시름 죽어 가는 희귀병도 있었습니다.

간질병도 있었습니다.

디스크도 있었습니다.

관절염도 있었습니다.

몰려오는 무리만큼이나 병도 많았습니다. 귀신에 사로잡혀 귀신의 노예가 되어 버린 자들도 있었습니다. 이 모든 병들이 예수 이름으로 고침 받을 수 있다는 것을 독자 여러분은 믿을 수 있습니까? 그때 그 자리에 계셨더라면 믿을 수밖에 없었을 것입니다. 하나님께서 저를 통해 이루신 놀라운 일이었습니다. 어떤 병자가 어떻게 나았는지를 짚어 보며 독자 여러분들과 그때의 기적을 회상하며 하나님께 한 번 더 감사의 찬양을 올려 드리기를 원합니다.

한 근무력증 환자가 있었습니다. 저는 그때 근무력증이 어떤 병인지도 몰랐습니다. 단지 하나님께서 제 눈을 뜨이게 해 주셨기에 이 사람은 무슨 병이다, 저 사람은 무슨 병이다, 마치 공부벌레 의대생들이 레지던트 과정까지 다 마치고 전문의가 되어서 환자를 보듯이 저 역시 자연스럽게 환자들을 대할 수 있었습니다. 하나님께서 하셨기 때문입니다. 담대했습니다. 미친 듯이 선포했습니다.

"당신은 고침 받습니다. 당신은 낫습니다. 하나님께서 쓰십니다. 생명 다해서 새 생명으로 하나님의 일꾼 되시기 원합니다."

이렇게 외치면 모든 무리들이 "아멘!"으로 화답합니다. 마치 자기 일인 양 하나가 된 모습입니다. 주님 안에서의 하나된 모습이었습니다. 그 광경 떠오르지 않으십니까? 이 책을 접하는 여러분에게도 이 광경 체험하기를 사모하는 영의 눈이 뜨여지기를 소원합니다.

한 대학생이 있었습니다. 어머니와 아버지 손에 이끌려 휠체어에 앉아서 집회 장소에 들어오는 모습이 보였습니다. 너무너무 야들야들 솜털 같은 모습으로 휠체어에 몸을 기대어 들어오고 있었습니다. 제 눈에 더 띈 이유는 그 많은 사람들 중에 더 병이 심해서는 아닙니다. 한국인이었기 때문입니다. 마치 우리 가족들을 보는 것처럼 기뻤습니다. 한국인들도 많았지만 제 눈에는 이 여인만이 한국인으로 보였습니다. 이상한 일이 벌어졌습니다. 친구처럼 느껴졌습니다. 그들은 앞으로 앞으로 밀고 들어왔습니다. 특송 신청을 하였기 때문입니다. 특송 시간이 되었습니다. 휠체어에 탄 채로 힘이 없는 두 팔과 손으로 반주를 했습니다. 어머니 아버지가 특송을 했습니다. 한국말로 불렀습니다. 복음 송이었습니다.

"저 멀리 뵈는 나의 시온성 오 거룩한 곳 아버지집…"

제가 좋아하고 즐겨 부르는 찬양이었습니다. 그러했기에 제 눈에 더욱 띄었습니다. 제 입에서 예수 이름으로 고백이 튀어나왔습니다.

"아버지 당신께서 일하심을 제가 압니다. 오늘 이 자리에 저자에게 임하셔서 일하여 주옵소서."

저는 외쳤습니다.

"오늘 이 집회에서 평안을 얻을지어다."

눈물로 아멘으로 화답했습니다. 통성기도가 시작되었습니다. 주의 이름으로 선포한 일이기에 제가 만져 주어야만 했습니다. 안수 말입니다. 안수할 때에 "그동안에 기적으로 화답하신 하나님 이 시간에도 주의 이름으로 손을 얹었사오니 힘이 돋게 하옵소서. 온몸에 힘이 들어오게 하옵소서."라며 통성기도를 세게 했습니다. 모든 사람들에게 이 아가씨를 위해서 기도하게 했습니다. 대학 3학년 꽃 다운 나이였습니다.

"하나님! 역사하옵소서. 기적을 베풀어 주옵소서. 당신이 일하시옵소서."

하나님은 우리의 부르짖음에 일하심으로 화답하셨습니다. 할렐루야! 힘없이 서야만 했던 두 다리에 힘이 생겼습니다. 힘이 들어온 것입니다. 기적이었습니다. 두 손에도 온몸에도 심지어는 두 눈알에도 힘이 들어오는 것을 느꼈습니다. 박수가 우레같이 터졌습니다.

"모든 영광 하나님께 모든 영광 하나님께 아버지 홀로 영광 받아주세요."

나도 모르게 튀어나오는 이 감사의 외침. 너무너무 짜릿함이 느껴지지 않으세요? 온몸에 전율이 타고 흘렀습니다.

"살아 계신 주 나의 참된 소망 걱정 근심 전혀 없네. 사랑의 주 내 갈 길 인도하니 내 모든 삶의 기쁨 늘 충만하네."

외침이 울려 났습니다. 하나가 되어서 살아 계신 하나님을 찬양했습니다.

그 가족은 몇 년 전 한국에서 딸의 병을 치료하기 위해 미국으로 이민 왔다고 합니다. 아버지는 변호사였고 어머니는 연대 간호학과를 졸업하시고 연대 세브란스 병원에 간호사로 계시다가 딸을 위하여 국제간호사 시험을 치고 미국으로 이민 온 가정이었습니다. 미국에 가면 한국보다는 의술이 낫다는 판단에서였습니다. 이 병은 한국에서는 치료할 방법도 대책도 방안도 없었습니다. 미국으로 건너오자 부모님은 딸을 위하여 이 병원 저 병원 다 노크했습니다.

근무력증. 무서운 병입니다. 고칠 수 없는 희귀병입니다. 근육이 풀어지고 점차 점차 힘이 떨어지고 걸을 수도 없을 만큼 생기 없는 생명체가 되어 버리는 병이었습니다. 미국에 건너온 소망마저 없어 졌습니다. 어머니는 취직이 되었습니다. 정식 간호사였기 때문에 취직이 빨랐습니다. 출근해야 했습니다. 달러를 벌어야만 했습니다. 아버지는 집에서 딸을 돌봐야만 했습니다. 건강은 없었지만 점점 약해져 가는 몸이었지만 학교에 들어가서 공부를 하는 학생이었습니다.

미국은 한국과 다르게 장애인 복지가 너무너무 잘되어 있습니다. 우리나라도 하나님 잘 섬겨서 강대국이 되어 장애인 복지가 미국 못지않게 완벽하게 되기를 바라는 마음입니다.

픽업이 가능했습니다. 학교 갈 때도 집에 올 때도 병원 갈 때도 전화만 하면 영주권자 이상은 혜택을 받을 수 있는 나라였습니다. 어머니의 병원 취직으로 보호가 확실했기 때문에 영주권자가 되기는 쉬웠다고 합니다. 이 좋은 배려에도 그들은 낙심할 수밖에 없었습니다. 고향이 그립고 한국에 가고 싶지만 그러나 딸을 위해서는 미국에 살아야 했습니다. 고침 받을 수 없는 병이니까요. 점점 더 힘이 없어지는 병입니다. 나았습니다. 하나님 만나러 집회 참석했다가 한 번에. 아버지가 불쌍히 여겨 주신 것입니다. 기적적인 일은 계속 되었습니다.

귀신 들린 사람이 왔습니다. 미국인들은 이해를 못했습니다. 미국에는 정신이상자가 생기면 병원에 즉각 들여보내야 합니다. 이 귀신 들린 사람은 아주 심했습니다. 난리가 났습니다. 온 집회 장소가 아수라장이 되어 버렸습니다. 장정 세 사람이 붙어서 붙들어도 되지 않았습니다. 힘도 세고 발악도 심한 미친 사람이었습니다. 저의 몸에 비하면 세 배나 될 정도로 크고 힘센 골리앗이었습니다.

여러분! 다윗과 골리앗을 연상하셔도 될 만큼 상황이 흡사했습니다. 재미있지 않으세요? 그렇지만 그 당시 저는 별로 재미있지 않았습니다. 골치가 아팠습니다. 은혜스럽게 부흥회를 할 시간이었는데 아수라장을 만들어 버리니 등줄기에 진땀이 흘렀습니다.

"아버지 어떻게 해요?"

아버지를 찾았습니다. 이때 "명하라! 꾸짖으라!" 반가운 아버지의 음성이었습니다. 그대로 했습니다.

"주 예수의 이름으로 내가 명하노니 잠잠하라."

와! 웬일입니까? 갑자기 조용해졌습니다. 그 날뛰던 골리앗이 뻥 넘어가 버렸습니다. 잠잠하라, 이 한마디에 그 사자처럼 미쳐서 날뛰던 그자가, 장정 서너 사람에게 붙들려서도 휘청거리며 나부대던 그자가 순식간에 고요해졌습니다. 아무 말도 없었습니다.

"앉아!"

외쳤습니다. 그대로 앉았습니다.

"일어나!"

외쳤습니다. 일어났습니다. 점점 재미가 붙었습니다. 제 말 한 마디면 이랬다저랬다 하였습니다. 저는 빨리 귀신을 내쫓을 수 있었지만 그대로 앉혀 놓고 한 번씩 찔러 가며 예배를 인도했습니다. 스릴이 있었습니다.

거기에 모인 모든 사람들에게는 놀라움의 도가니였습니다. 통성기도가 시작되었습니다.

"기도해!"

그자는 무슨 기도를 할지를 모르는 것 같았습니다.

"예수님 이름 불러!"

어떻게 되었을까요? 예수 이름 능력의 이름 그 이름 크게 세 번 부르는데 정신이 돌아왔습니다. 제가 할 일이 없었습니다. 서운했습니다.

'아버지 내가 할 건데요. 조금 아껴 놨다가 하려고 했는데 아버지 새치기하면 어떻게 해요?'

'이제껏 네가 했니? 내가 했지!'

저의 입은 벙어리가 되어 버렸습니다. 맞아요, 맞아요, 맞습니다.

그 한마디 '네가 했니? 내가 했지!' 그 말씀. 지금도 생생하게 기억합니다. 잊지 않습니다.

'네가 했니? 내가 했지!'

하나님께서 매 순간 일하시는 것입니다. 여러분 생애에도 날마다 하나님의 일하심을 느끼시는 놀라운 축복이 있으시기 바랍니다. 모든 영광 하나님께!

니 팔이 아닌 네팔로

동부로 서부로 뉴저지로 캘리포니아 주로, 이곳은 겨울 저곳은 여름, 오늘은 두꺼운 옷 내일은 짧은 옷. 이곳저곳을 다니며 하나님 쓰시는 대로 일하기 시작했습니다. 선교사님들도 만났습니다. 점점 만나는 폭이 넓어지고 그 수는 많아져야만 했습니다. 지쳐가는 저의 모습을 볼 수 있었습니다. '말씀이 육신이 되어'라고 하신 이 마음을 느껴야만 하는데, 말씀 볼 시간이 없었습니다. 토해 내야만 했습니다. 제 영이 점점 곤고해졌습니다. 한국이 그리웠습니다. 기도하는 그 시간이 그리웠습니다. 무리의 하나님이 아니라 내 하나님을 만나는 시간이 있어야 한다고 생각했습니다.

이때쯤 선교사님 한 분이 제게 건네시는 말씀.

"강사님 부탁이 있는데요."

저는 선교사님들을 많이 도와주기를 원합니다. 도와주어야 한다고 생각합니다. 열심 없는 이름만 선교사인 분들도 있습니다.

그러나 제 눈에는 다 보였기 때문에 열심 있는 선교사님들만 제 주위에 붙여 주셨습니다.

"무슨 말씀인데요?"

"저와 가실 데가 있습니다."

"한국요?"

고향이 그립듯이 한국이 그리웠습니다. 하나님께서 저를 쓰시지 않으심도 아닙니다. 더 크게 더 위대하게 쓰셨습니다. 제가 철이 들었나 봅니다. 부모님도 보고 싶고 쉬고 싶고 학교도 가고 싶고… 제 자신이 눈에 보였습니다. 공부도 하고 싶었습니다. 어느새 껑충 뛰어 버린 제 나이, 저도 모르게 건강해져 가는 제 모습, 공부해야겠다는 마음이 생겼습니다. 하나님 일도 공부한 자가 해야 더 크게 쓰임 받을 수 있다는 마음의 울림이 계속되고 있었습니다.

잠깐 제가 딴생각을 하는 사이에 선교사님께서 "갑시다." 다시 졸랐습니다.

"어디요?"

분명히 한국은 아니었습니다. 저는 하나님께 먼저 여쭤 봤습니다.

"가요? 말아요?" 아버지의 한결같은 인자한 목소리.

"가야지."

저는 아버지께는 토를 달지 못합니다. 그 목소리에 순종할 수밖에 없습니다. 그 한마디에 어디인지 몰랐지만 가야 한다고 생각했습니다.

"갑시다. 어딘데요?"

"네팔요."

네팔이라는 말에 저는 갑자기 웃음이 나왔습니다. 한국말이 떠올랐습니다. 뉴욕, 샌프란시스코, 시카고, LA 등등 다 혀가 꼬부라지는 말이었습니다. 네팔! 니 팔이 아닌 네 팔 여러분 뭐가 생각나세요? 저의 장난기, 제가 지금 무슨 말 하는지 아시죠? 니 팔이 아닌 네 팔! 제 팔을 한번 봤습니다. 저는 네팔이 한 나라가 아니고 미국에 있는 또 하나의 주인 줄 알았습니다. 이 글을 쓰는 지금 이 순간에도 저는 미국의 주를 다 알지 못합니다. 그러했기에 네팔도 미국 주인 줄 알았습니다. 한국과 미국 외에는 다른 나라가 없는 줄 알았습니다. 저는 제가 밟은 땅이 전부라고 생각했습니다. 다른 나라를 생각하지도 않았습니다. 단지 지구본에 그려진 그림 같은 나라들일 뿐이었습니다.

"갑시다."

왜 '갑시다.'라는 말이 제 입에서 나왔는지 아시죠? 하나님이 가라고 하셨기 때문에, 이 말씀은 아버지께서 책임진다는 약속의 말씀이심을 알았기에 자신 있게 '갑시다.'라는 말이 나온 것입니다. 여느 때와 다를 바 없이 짐을 꾸렸습니다. 도와주시는 선교사님들도 많았습니다. 조금은 염려가 되는 눈빛으로 저를 지켜보는 선교사님들도 계셨습니다.

'헤어지기 아쉬워 그러시나? 이놈의 인기는?'

저는 또 장난기가 발동을 했습니다. 선교사님들은 제게 잘 맞춰주셨습니다. 부흥회를 인도할 때는 강사로서, 내려오면 한국인으로, 동생으로, 자녀로 모든 장난기까지도 다 맞춰 주셨습니다. 돕는 손길이 점점 많아졌습니다. 외롭지 않았습니다. 그러했기에 더 부모님이 그리워졌습니다. 뼛속 깊이에는 진한 외로움과 그리움이 있었던 모양입니다. 예수님께서 그러했듯이 예수님 마음을 닮아 가기를 소원했기 때문인 것 같습니다.

비행기를 탔습니다. 조금 분위기가 달랐습니다.

'아! 미국에도 시골이 있는가 보다 와! 시골이 있네.'

잠을 잤습니다. 평소보다 멀게 느껴졌습니다.

'진짜 시골로 들어가는가 보다. 내 팔은 이렇게 가까이 내 몸에 붙어 있는데, 이놈의 네팔은 왜 이리 멀지?'

가야만 했습니다. 이미 비행기를 타 버렸기 때문입니다. '하나님께 한번 타협이나 해 볼걸.' 멀리 가는 게 갑자기 불안해졌습니다.

감이 이상했습니다.

"그런데 네팔이 어디예요?"

이제야 물었습니다. 선교사님께서 빙그레 웃으시며 네팔이라는 나라에 대해서 조심스레 설명해 줬습니다. 갑자기 모험심이 생겼습니다. 갑자기 재미가 붙는 것 같았습니다. 다른 나라? 설레는 마음이 생겼습니다. 표정이 달라진 모양입니다. 선교사님께서 주의해야 될 사항을 한 가지 두 가지 말씀하셨습니다. 또 갑자기 머리가 아파졌습니다. "우리 가지 맙시다." 비행기 창밖을 내려다보았습니다. 왜 내려다보았을까요? 다 아시죠? '뛰어내릴 수 있을까?' 저만이 할 수 있는 생각이었습니다. 저는 마음을 달랬습니다. 눈을 감았습니다. 선교사님의 한마디 말씀에 눈을 감고 마음을 달랠 수밖에 없었습니다.

"우리는 사명자잖아요. 하나님이 사명자로 불렀잖아요. 우리가 힘을 합하면 하나님 나라가 이루어지잖아요."

여러 말씀을 저에게 건넸지만 제 귀에 들리는 말씀은 한마디. '우리는 사명자잖아요.' 이 말씀 한마디에 저의 두 눈에는 눈물이 다시 흘렀습니다. 저의 마음에 울려 나는 메아리.

'주님 사랑해요.'

제 귀에 들려오는 천국 오케스트라의 연주가 다시 체험되었습니다.

"부름 받아 나선 이 몸 어디든지 가오리다. 괴로우나 즐거우나 주만 따라 가오리니… 아골 골짝 빈 들에도 복음 들고 가오리다. 소돔 같은 거리에도 사랑 안고 찾아가서…"

저의 마음에 확신이 생겼습니다. 이제까지 저를 통해 일했듯이 아버지께서 일하신다.

"내가 너의 지경을 넓히리라."

'아버지가 나의 지경을 넓히신다.' 확신이 들었습니다. 기도하고 기도하고 또 기도했습니다. 마음속 깊이 몸부림을 쳤습니다. 내 아버지를 수없이 찾았습니다. 다른 나라에 간다는 사실 자체가 이제는 무서웠습니다. 저의 입에서 고백이 튀어나왔습니다.

"저는 할 수 없습니다. 저를 필요로 하시는 하나님 크게 사용해주옵소서. 아버지 영광 받아 주옵소서."

드디어 네팔에 도착했습니다. 처음으로 접해 본 인종들이었습니다. 미국에 비해서 색감도 없었습니다. 후줄근해 보였습니다. 키도 작았습니다.

'와! 우리나라 사람보다 키 작은 나라가 있나 보다.'

한편으로는 기분이 좋았습니다. 미국에서는 제가 우러러봐야만 했던 사람들인데, 거의 같은 눈높이에서 조금만 위로 보면 되었습니다. 그때부터 신이 났습니다. 제가 참 순진했던 모양입니다. 그 점 하나로 제 마음이 확 풀려 버렸습니다. 수속을 마치고 검문을 마치고 들어갔습니다. 그리 까다롭지는 않았습니다. 에베레스트 산 때문이었습니다. 그게 이유가 되는 모양입니다. 입국 허가를 받았습니다.

미국과는 판이하게 다르게 완전 게릴라 작전이었습니다. 숨어서 집회 해야만 했습니다. 찬양도 크게 부르지 못했습니다. 국교가 힌두교라 기독교는 용납되지 않았습니다. 그러나 전 국민 중 한 0.1 퍼센트 정도는 기독교인이었습니다. 몰래 믿는 사람들이 있었습니다. 성령님께서 먼저 찾아와 주신 모양입니다. 선교사님도 몇 분 계셨습니다. 한국인 선교사님도 한 분 계셨답니다. 저는 만나 뵙지는 못했습니다. 지금은 한국 선교사님들이 많이 있습니다. 저와 친하신 분도 계십니다. 참 감사한 일이죠. 그리 자유럽지는 못해도 그때에 비하면 자유롭게 기독교가 종교로 인정받고 있습니다. 사실 기독교는 종교가 아닙니다. 그렇죠?

사역이 시작되었습니다. 찬양이 점점 커져 갔습니다. 언어는 달라도 리듬은 같이 탔습니다. 곡은 같았습니다. 찬양을 불렀습니다. 저는 한국말로, 네팔 인은 네팔 말로, 미국 선교사님들은 영어로. 재미있지 않으세요? 하나님은 지금도 세계에서 일하시고 계십니다. 저와 여러분을 위하여. 모든 영광 하나님께! 성령의 불이 떨어졌습니다. 선교사님이 통역해 주셨습니다. 말씀을 전했습니다. 말씀에 파워가 생겼습니다. 미국 집회 이상으로 뜨거웠습니다. 신고가 들어갔습니다. 숨어야만 했습니다. 이 집으로 옮기고 또 부흥회 하고 저집으로 옮겨서 또 부흥회 하고 완전 숨바꼭질이었습니다.

그런데 놀라운 사건 한 가지 소개해 드릴까요? 네팔에는 동네 통장이 있습니다. 잘못하는지 감시하고 정부에 찌르는 요주의 인물이죠. 이자들만 먹이면 쉽게 넘어갈 수 있습니다. 돈이 전부입니다. 저는 돈이 없었습니다. 달러만 있었습니다. 제게는 달러가 돈이 아니었기 때문에 그냥 달러가 있을 뿐이었습니다.

'저자를 잡아야겠다. 성령의 술을 먹여야겠다.'

고민이 되었습니다. 잠도 잘 자지 못했습니다. 언제 경찰들이 덮칠지 몰랐기 때문입니다. 하나님의 이름을 수없이 붙들었습니다.

'하나님 날 왜 이곳에 보내셨어요?'

원망 아닌 원망도 했습니다. '집에 가고 싶어요.' 제 생각에는 생전 처음으로 제 입에서 집에 가고 싶다는 말이 나왔습니다. 엄마가 보고 싶었습니다. 엄마가 해 주신 반찬도 먹고 싶었습니다. 김치도 먹고 싶었습니다. 마치 엄마가 억지로 떼 놓은 아이처럼.

진짜 네팔 음식 먹기 힘들었습니다. 네팔은 반갑고 귀한 손님이 오시면 계란, 우유, 바나나 이 음식이 가장 좋은 음식입니다. 선교사님 댁에 가면 김, 멸치, 오징어, 생선 이 음식들이 가장 귀한 음식들입니다. 왜냐고요? 우리나라에는 흔히 볼 수 있는 음식들이지만 네팔은 바다가 없는 산지잖아요. 이제 이해되시죠. 저를 접대하는 분들은 선교사님도 아니고 네팔의 잘사는 사람들도 아니었습니다. 예수님 섬기는 분들은 네팔에서 가장 어렵고 힘든 사람들이었습니다.

대접하는 음식은 완전 네팔 전통음식, 달밧! 와! 다시 한 번 생각해도 먹고 싶지 않은 음식 달밧! 네팔 사람들은 잘 먹습니다. 이 달밧에 귀한 손님은 향신료를 뿌려 줍니다. 우리나라로 치면 잔파같이 생긴 것인데 향이 아주 독특합니다. 이 향 때문에 저는 영원히 달밧이 좋지 않을 것입니다.

지금도 제가 섬기는 교회에서 2년에 한 번씩 네팔 선교를 갑니다. 저의 교회와 교류하는 아주 귀한 선교사님이 계시기 때문입니다. 제가 가면 달밧은 주지 않습니다. 그래서 요즘은 기쁜 마음으로 네팔을 갑니다.

통역한 말씀들은 힘이 있었습니다. 이곳저곳 옮겨 다니며 한 2주를 머물며 네팔 사역을 했습니다. 이곳에서도 마찬가지로 피부병이 나았습니다. 나아만 장군이 고침 받은 것과 같이 제가 시키는 대로 했습니다. 순종했습니다. 나았습니다. 혈루병도 나았습니다. 암도 터져 나왔습니다. 핏덩이가 되어 암이 밑으로 빠져나오는 것을 모든 선교사님과 같이 보며 울었습니다. 네팔 사람들도 주 안에서 하나가 되었습니다. 소문이 났습니다.

큰일 났습니다. 하나님은 큰일 속에서도 기적을 베푸셨습니다. 통장에게 잡혔습니다. 절대 경찰관이 먼저 오지는 않습니다. 통장하고 타협되면 몰래 옮겨 주기도 합니다. 자기들이 신고해 놓고 돈만 찔러 주면 알아서 처리합니다. 그런데 저에게는 돈이 없었습니다. 달러는 제게는 돈이 아니었기 때문입니다. 선교사님이 얼른 달러를 건네주었습니다. 통장이 달러를 보며 무슨 말을 중얼거렸습니다.

"조금 더 달래요."

그때 제 주머니에 있는 달러가 생각났습니다.

'아! 이것도 돈이구나!'

있는 달러를 다 줬습니다. 웬일입니까? 달러가 너무 많았는지 털썩 주저앉았습니다. 제 입에서 이 말이 터져 나왔습니다.

"너 돈 줄게. 예수님 믿을래?"

그대로 통역해 주었습니다. 돈 준다는 말에 울기 시작했습니다. 성령님께서 사로잡은 것입니다. 저는 그때 느꼈습니다. 하나님께서는 여러 방법으로 다양하게 일하신다, 병든 자에게는 병고침으로 찾아와 주시고, 가난한 자에게는 돈으로 만나 주실 수 있다는 깊은 진리를 깨달은 것입니다. 그러하기에 이 책을 보시는 독자들도 영육 간에 부유해지는 은혜가 축복이 있기를 바랍니다.

네팔 사역은 계속되었습니다. 통장이 성령님의 힘으로 사로잡히니 부흥회는 너무너무 쉬워졌습니다. 암이 떠나갔습니다. 각혈이 멈췄습니다. 저는 도저히 달밧은 먹지 못하고 금식으로 하루하루 보냈습니다. 기도했습니다.

'하나님! 어디에 보내시든지 무슨 음식을 접하든지 감사함으로 먹게 하옵소서.'

이 기도를 수없이 했습니다. 지금은 어떤 음식도 많이는 먹지 못하지만 다 먹습니다. 달밧도 먹습니다. 달밧 아닌 다른 음식과 나오면 주로 다른 음식을 먹습니다. 달밧과 같이 나오는 음식은 다 맛있습니다. 달밧을 잘 드시는 선교사님들 너무너무 존경합니다. 사랑합니다.

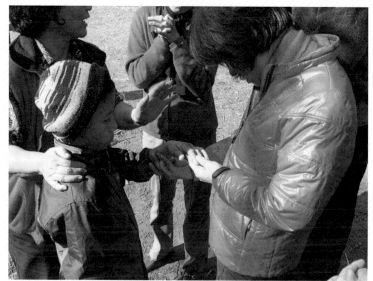

▲ **네팔**_피부병 어린이 치유

▼ **네팔**_목회자 집회

▲ **미얀마**_현지 사역자 집회

▼ **미얀마**_현지 목회자 가정상담

제3부

약한 자를 들어서 강한 자를
부끄럽게 하시는 하나님

—

한 분이 마스크를 하고 있다가 푸셨습니다. 깜짝 놀랐습니다. 그때야 이분들이 마스크와 스카프 같은 것으로 코와 입 주위를 가리고 있는 것이 눈에 띄었습니다. 풀자마자 제 얼굴이 찌푸려졌습니다. 그들의 얼굴은 일그러져 있었습니다. 눈썹도 거의 없었고, 입술 색도 분명치 않았고, 코도 다 문드러져 있었습니다. 소름이 끼쳤습니다.

—

그리운 한국으로 돌아오다

한국행 비행기를 탔습니다. 바로 가는 비행기가 없어서 방콕으로 둘러 둘러 와야만 했습니다. 그래도 저에게는 공항의 모든 비행기가 한국행 비행기로 보였습니다. 한국이 그리웠기 때문입니다. 한국에 도착했습니다. 기적 같은 일이 일어나 있었습니다. 저도 모르는 사이에 선교사님들이 서로 연락되어 저를 기다리고 있었습니다. 기분이 아주 좋았습니다. 어디로 가야 될지 집으로 가야 될지 기도원으로 가야 될지 모르는 저에게 너무나도 반가운 현실이었습니다. 짐을 들어 주었습니다. 선교사님들 집으로 데리고 갔습니다. 맛있는 밥과 김치, 된장찌개, 와! 눈이 뜨였습니다. 쇠고기도 싫었고, 초콜릿도 싫었고, 달밧도 싫었습니다. 김치, 총각김치, 깍두기, 나박김치, 물김치, 배추김치, 김치… 김치… 와! 김치란 김치는 다 먹고 싶었습니다. 구수한 된장찌개 많이 먹었습니다.

집에도 연락이 되었습니다. 어머니 하시는 말씀.

"보고 싶다. 한번 오지."

기도원에서도 어머니 이 말 한마디에 왔다 갔다 했기 때문에 생소하지는 않았습니다. 생기도 되찾고 건강도 되찾고 날마다 좋아지는 딸의 모습에, 어머니는 저를 시집보낸 것처럼 유학 보낸 것처럼 하나님께 기도하면서 하나님께 다 맡겨 버린 딸이라 생각하고 한 번씩 연락하며 자연스럽게 지내고 있었습니다. 선교사님들과 서로 연락처를 나누고 집으로 갔습니다.

집에 도착하니 난리가 났습니다. 저 때문은 아닙니다. 고신교단이기 때문에 기도원에 가는 것이 허용되지 않았습니다. 어머니, 아버지는 기도원 출입으로 교회에서 징계를 받아 괴로움을 당하고 있는 상태였습니다. 아버지는 공무원이셨는데 항상 마음의 소원은 주의 종이 되시는 것이었습니다. 기도도 많이 했다고 합니다. 저희들 보기에도 기도하셨습니다. 언제쯤 써 주실지 모르겠다며 투정도 하셨습니다. 길이 보이지 않았기 때문입니다. 하나님께서는 당신의 일을 하고자 하는 우리의 마음을 기뻐 보십니다. 일하게 하십니다.

아버지의 기도를 하나님께서 들어주셨습니다. 아시는 목사님 한 분이 저희 집에 들렀다가 우리 가정의 소식을 듣고 신학을 권유한 것입니다. 아버지는 성결교단 신학교를 가시게 되었습니다. 신학을 권유한 목사님께서 성결교단 목사님이셨기 때문입니다. 신학 공부를 하는 동시에 개척을 하셨습니다. 아버지의 사역을 도와야만 했습니다. 처음에는 제가 별로 할 일이 없었습니다. 그래서 선교사님들의 권유로 국내 부흥회를 하기 시작했습니다. 서울, 대전, 대구, 부산, 전주, 목포, 광주, 포항, 울산, 강릉, 김포, 제주도, 울릉도까지 한국도 아주 넓었습니다. 제 머릿속에는 한국이 제일 큽니다. 미국은 너무 크기 때문에 제 머릿속에 그려지지가 않습니다. 한국은 독도까지도 어디 붙어 있는지 다 그려집니다.

여러분도 그렇죠? 한국 땅이 있고 미국 땅이 있듯이 우리 본향 천국도 반드시 있습니다. 저는 보았습니다. 저는 느꼈습니다. 이 책을 보시는 독자님들에게도 천국을 소망하는 은혜가 더 강하게 임하시길 소원합니다.

부흥회 할 곳이 연결되었습니다. 제 나이가 어린지라 신학을 공부하지 않았기에 한국에서는 선뜻 허락되지 않았습니다. 그러나 하나님은 길을 여셨습니다. 만나 뵙는 목사님들마다 저를 인정해 주었습니다. 왠지 아십니까? 육적으로 병든 목사님들만 만나게 해 주셨기 때문입니다. 하나님께서 일하셨습니다. 당신께서 일하심과 동시에 저도 일하게 하셨습니다.

저도 공부하고 싶어요

    일하면서 점점 저의 마음에 근심된 것 하나가 있었습니다. 학교 문제였습니다. 그동안에는 미국을 왔다 갔다 하며 한두 달에 한 번씩 학교에 들러서 한 1주일 정도 수업에 참석하고 시험만 치르면 될 정도로 하나님께서 강권적으로 환경을 주장하셨습니다. 저를 맡은 담임선생님들도 너무너무 이해심이 많고 사랑이 많은 분들만 붙여 주셨기 때문에 별 어려움이 없었습니다. 집의 부모님까지도 제가 미국을 왔다 갔다 하는 줄은 잘 몰랐습니다. 그냥 말로만 들어왔기 때문입니다. 기도원에 다니던, 기도원에서 지냈던 시간들이 많았기 때문에 제가 한두 달에 한 번씩 왔다 갔다 하는 모습이 염려가 되거나 문제가 되는 것은 아니었습니다.

    그러나 고등학교 입학을 앞두고 원서를 써야만 했습니다. 고민이 되었습니다. 시험만 치르는 문제 학생이 될 수도 있었건만, 하나님의 도우심으로 평생 저의 십자가였던 좋지 못한 건강과 아픔이 주의 일을 하는 데 아무 어려움 없게 하는 요인이 될 줄은 꿈에도 몰랐습니다. 하나님께서는 이것을 붙들어 일하셨던 것입니다.

인문계를 진학해야 할지 실업계를 진학해야 할지 고민이 많이 되었습니다. 공부를 하기 위해서는 인문계를 가야만 했고, 그동안에 해 왔던 패턴대로 주의 일을 하면서 공부를 부업으로 삼으려면 실업계를 가야만 했습니다. 고민에 고민을 하다가 기도할 수 있다는 것도 잊은 채 근심에 싸였습니다. 바쁘게 살아왔던 저에게는 있을 수도 없는 시간이었습니다. 그래도 저는 고민을 해야만 했습니다. 공부를 하고 싶었기 때문입니다. 하나님을 찾았습니다.

'하나님! 저도 공부하고 싶어요. 공부를 해서 체계적으로 주님 일 하고 싶어요.'

저의 두 뺨에는 눈물이 주르르 흘러내렸습니다. 어머니와 의논했습니다. 그동안 지내 온 일을 하나님께서 저를 쓰신 일을 자세히는 설명 드리지 못했지만 대충은 설명 드릴 수밖에 없었습니다. 어머니가 놀랐습니다.

"우리 딸을 그렇게 귀하게 쓰셨단 말이야? 내 기도 제목이 이루어졌구나. 나의 십자가가 영광이 되었구나."

왜 사실대로 다 말씀드릴 수가 없었느냐면 그동안의 달러가 문제였습니다. 주님 일 정신없이 하는 동안 제 주머니 속에 들어온 강사료, 어디로 갔는지 저도 잘 모르겠습니다. 하나님께서 쓰셨습니다. 신학교 입학금으로, 일반 대학교 입학금으로, 선교사님들 생활비로, 하나님께서 다 쓰신 것입니다. 제가 돈에 욕심이 없었던 모양입니다. 저는 세상이 어떻게 돌아가는지를 몰랐습니다. 어머니를 만나는 순간 사랑하는 동생 모습을 보는 순간 '아! 우리 집에도 돈이 필요하구나.' 죄송한 마음이 들었습니다. 그러했기에 하나님께서 저를 얼마나 강하게 멋지게 위대하게 써 주셨는지 다 말씀드릴 수가 없었습니다.

홀쩍 커 버린 딸의 모습에, 한두 달에 한 번씩 보던 딸의 모습과는 달리 학교 문제로 고민하고 대화하고 의논하는 모습에, 우리 딸 다 고침 받았네 하시는 부모님. 이 한마디 말씀에 저는 부모님의 사랑을 예수님의 사랑처럼 깊이 느낄 수 있었습니다. 어머니의 입에서는 "당연히 하나님 일이 먼저지, 너 하나님께 다 받았는데 주의 일 해야지." 하는 말씀이 나왔습니다. 어머니의 믿음은 대단했습니다.

또한 아버지께서 새벽마다 저를 위해서 아니 나를 위해서 눈물 뿌려 하나님께 호소하는 모습이 난생처음인 양 제 눈에 들어왔습니다. 가슴이 뭉클해졌습니다. 저 기도가 있었기에 하나님께서 나를 쓰셨구나 갑자기 철이 드는 것 같았습니다.

너무너무 공부를 하고 싶었습니다. 현실이 실업계를 가야만 부흥회 인도를 할 수 있었습니다. 참 괴로웠습니다. 학교 선생님들과 의논도 해 보았습니다. 사정을 다 말씀드리지는 못했습니다.

단지 몸이 좋지 않다는 이유를 갖다 댔습니다. 어떤 선생님께서는 "너는 몸이 좋지 않아도 공부할 수 있는 놈이야." 하시며 인문계를 권유하셨습니다. 한편 또 어떤 선생님께서는 "상고에 다니며 건강 좀 더 챙기고 부담 없이 공부하는 것이 어떻겠니?" 또 의견이 나뉘어졌습니다. 언제나 그러했듯이 결정은 저의 몫이었습니다. 골치가 아팠습니다. 빨리 결정되어야 모든 일을 체계적으로 해 나갈 수가 있을 텐데 혼자 생각도 많이 했습니다.

'하나님! 이제껏 쓰셨으니 잠깐만 공부할까요? 공부하고 쓰실래요? 그럼 더 하나님 일 잘할 수 있잖아요.'

이때 떠오르는 말씀이 있었습니다.

"약한 자를 들어서 강한 자를 부끄럽게 하시고, 가난한 자를 들어서 부한 자를 부끄럽게 하시는 하나님."

아, 이 하나님께서 그동안 저를 쓰신 하나님이신 줄 다시 기억나게 하셨습니다. 실업계로 갔습니다. 친한 친구들은 인문계로 다 가버렸습니다. 한 달 뒤쯤 시험을 치르고 입학을 하고 실업계 학생으로서 공부를 해야만 했습니다. 골치가 아팠습니다. 생전들어 보지도 못한 부기, 타자, 주산, 컴퓨터. 골치가 딱 아팠습니다. 다시 주의 일 할 수 있는 돌파구가 생겨야 했습니다.

'빨리 빠져나올 수 있는 돌파구가 무엇일까?'

초등학교, 중학교하고는 판이하게 달랐습니다. 선생님들도 엄격했습니다. 제 눈에는 깜깜한 낭떠러지밖에 보이지 않았습니다. 영육이 갑갑함을 느꼈습니다.

'사랑하는 딸아 너 뭐 하니?'

환자들은 몰려오기 시작했습니다. 이상하고 신기할 정도였습니다. 제가 소문낸 것도 아닌데, 그렇다고 저희 부모님께서 다 아시는 것도 아닙니다. 제 능력 말입니다. 알 리가 없었죠. 고신 장로님인데다가 이제 기도원 그만 가라 그만 가라 누누이 말씀하셨습니다. 제가 기도원에 너무 빠져든다고 생각하셨기 때문입니다. 기도원에 가 있는 시간에 미국 가 있을 줄을, 그것도 부흥회 인도한 줄을 누가 알았겠습니까? 저도 어린 마음에 영영 집에서 쫓겨날까 봐 말씀드리는 걸 회피했습니다. 참 어리석죠. 하나님이 하신 일인데 말입니다.

길은 한 가지밖에 없었습니다. 몰려오는 환자를 제가 학교 가 있는 동안에 어머니께서 감당해야만 했습니다. 어머니께서도 저를 기도원 보내 놓고 기도를 엄청 하셨던 모양입니다. 하나님의 능력을 많이 체험하고 계셨습니다. 하나님께서 저를 북방에서 쓰실 적에 어머니는 남방에서 쓰신 것입니다. 학교를 다녀오면 환자들이 아버지께서 개척한 교회에 가득 차서 저를 기다리고 앉아 있었습니다. 세상에 있는 희귀한 병은 다 왔습니다. 암은 생소한 병이 아니었습니다. 듣지도 보지도 못한 병. 파킨슨병, 루게릭병, 폐병, 자폐증, 생각할 수도 없는 병들이 너무 많았습니다. 저는 안수를 해야만 했습니다. 이러다 보니 교회가 개척 교회가 아닌 듯 차고 넘쳤습니다. 아버지 어머니는 사명감으로 똘똘 뭉쳐 있는 믿음의 종들이었습니다. 그랬기에 너무너무 감사해했습니다.

저의 마음에는 곤고함이 있었습니다. 학교 가면 공부를 해야만 했고, 집에 오면 환자들과 씨름을 해야만 했습니다. 부흥회도 가야만 했습니다. 부흥회는 자유롭지가 못했습니다. 학교 문제 때문입니다. 이때 제 귀에 들려오는 반가운 소식이 있었습니다. 실업계는 인문계와 달라서 기본 자격증만 분야별로 다 취득하면 인문계 공부도 개인적으로 할 수 있고, 취업도 나갈 수 있다는 희소식이었습니다. 숨통이 확 트이는 것 같았습니다.

'와! 이제 부흥회 또 나갈 수 있다.'

하나님! 저에게 다시 기회를 주심을 감사합니다. 저는 부흥회 나가는 것만 하나님 일 크게 하는 것으로 알았습니다. 환자 기도하고 치료하는 일은 별로 대수가 아닌 것으로 생각했습니다. 그랬기에 저의 마음이 더 곤고하고 아팠고 살맛이 나지 않았던 것입니다.

열심히 부기, 주산, 타자, 자격증을 위해서 공부해야만 했습니다. 생소한 과목인지라 그리 쉽지는 않았습니다. 사명감에 불탄 마음으로 이것을 따야만 나에게 자유가 임한다, 마치 캄캄한 어둠에 갇혀 살고 있는 제 자신에게 밝은 빛을 찾아 줘야 한다는 강박관념에 사로잡혔습니다. 열심히 암기했습니다. 주산도 열심히 튕겼습니다.

그런데 이게 웬일입니까? 원서를 쓰고 시험을 치는 날짜를 교부 받을 때, 처음으로 알았습니다. 국가자격시험은 주일에만 있다는 사실. 저는 갑자기 치고 싶지가 않았습니다. 주일은 거룩한 날인데, 주일은 하나님의 날인데, 주일은 쉬는 날인데, 혼자서 미친 듯이 중얼거렸습니다. 하나님! 왜 이렇게 놔두십니까? 세상에서 가장 잘 믿는 사람처럼 착각한 나머지 마치 주일날 시험 치러 가는 사람은 하나님께 대한 믿음이 없는 사람처럼 제 마음속으로 정죄하며 고민하기 시작했습니다. 그래도 시험을 쳐야만 했습니다. 치러 가야만 했습니다. 자격증을 따야 했으니까요. 기도했습니다.

"하나님! 주일은 아버지 날입니다. 저에게 지혜를 주시고, 공부한 것을 다 알게 하셔서 다시는 주일 빠지지 않고 하나님께 예배드리는 날로 지키는 자 되게 하옵소서. 하나님! 이 나라를 불쌍히 여기시어 하나님을 더 많이 알게 하시고, 아버지의 날을 온전히 아버지께 경배드리는 날로 섬기는 나라 되게 하옵소서."

시험을 다 치고, 여느 때와 다를 바 없이 공부하고 학교 가고 환자 보고, 주의 이름 전하고 하였습니다. 피곤이 몰려왔습니다. 찬송했습니다.

"아 하나님의 은혜로 이 쓸데없는 자 왜 구속하여 주는지 난 알 수 없도다. 내가 믿고 또 의지함은 내 모든 형편 아시는 주님 늘 보호해 주실 것을 나는 확실히 아네."

'아버지 힘들어요.' 몸부림을 쳤습니다. 쳇바퀴 돌듯 도는 생활. 마음껏 날아다니다가 새장에 갇힌 독수리처럼 갑갑해져만 갔습니다. 늘 죽어 가는, 생명력 잃어 가는 사람들만 만나야 하는 제 자신이 너무나 작아 보였습니다.

'하나님! 나 다시 부흥회 갈래요.'

갑자기 미국 생각도 났습니다. 그렇게 그리웠던 엄마 품, 한국 땅에 와 있는데, 화려하고 힘 있고 분위기 강했던 집회 광경이 제 머릿속에 떠오르기 시작했습니다.

'하나님! 나 크게 쓰셨잖아요.'

마치 날 작게 만들어 버린 것처럼 우울했습니다. 이때 또 말씀으로 찾아와 주셨습니다.

"한 생명이 천하보다 귀하도다. 한 알의 밀알이 떨어질 때 삼십 배 육십 배 백 배의 열매가 맺혀지느니라."

저는 울어야만 했습니다. 감사 아닌 감사를 해야만 했습니다. 그동안 가끔 출석해도 되었던 지난날의 학교생활이 그리웠습니다. 매일 매일 가야 하는 틀에 박힌 학교생활, 다른 친구들은 이제 몸에 배어 자연스럽게 다니는 학교생활이 저에게는 너무너무 부자유스러운 학교생활이었고, 갑갑한 일들의 연속이었습니다. 그래도 가야만 했습니다. 고등학교는 판이하게 달랐습니다. 그래서 기도했습니다. 찬양했습니다. 내 하나님을 놓치지 않았습니다. 붙들었습니다. 학교도 같이 가자고 요구했습니다.

"아버지! 학교 가요. 나 혼자 보내지 마시고 아버지 가요."

저는 너무 많이 달라져 버린 친구들의 모습에 적응이 잘되지 않았습니다. 저와 친했던 친구들이 대학에 진학하기 위해서 모조리 인문계로 가 버린 이유가 더 컸을지도 모릅니다. 새로운 친구들을 사귀어야만 했습니다.

하나님의 도우심으로 학교생활은 점차 점차 적응이 되었습니다. 학교 갔다 와서 환자 보는 일도 안수하는 일도 자연스럽게 감사함으로 감당할 수 있었습니다. 친구들도 저를 많이 도와줬습니다. 선생님들도 저를 예뻐했습니다. 저는 사실 제가 잘했기 때문에 제 얼굴이 예뻐서 제가 인간성이 좋아서, 제 성질이 더러운 줄 몰랐기 때문에 이 모든 일이 이루어진 것으로 착각하고 있었습니다. 하나님께서 저와 학교 같이 가셔서 생활하시고 저를 도우고 계셨다는 사실을 까맣게 잊은 채 말입니다. 제 입으로 '아버지 학교 가요. 저와 같이 가 주셔야 돼요.' 제 입으로 고백한 이 말 한마디를 실행하고 계시는 그 크신 사랑. 조금 지난 다음에야 느끼고 알 수 있었습니다. 여러분들도 여러분이 하나님께 기도한 모든 것을 아버지가 기억하시고 계심을 이 책을 통해서 한 번 더 깨닫는 은혜가 임하시길 간절히 소망합니다. 몇 차례의 자격시험이 치러졌습니다. 저의 경우 1학년 때는 딸 수가 없었습니다. 다 배우지 않았기 때문입니다. 학원에서 먼저 배워 온 친구들도 있었습니다. 자격증을 먼저 딴 친구들도 있었습니다.

'나도 먼저 딸걸. 나는 뭐 했지? 더 큰 일을 하나님께서 하게 하셨구나.'

또 감사해야만 했습니다. 공부해야만 했습니다. 매일 매일 살아가는 저의 삶 속에 불평과 불만과 원망 따위는 있을 수가 없었습니다.

"내가 매일 기쁘게 순례의 길 행함은 주의 팔이 나를 안보함이요 내가 주의 큰 복을 받는 참된 비결은 주의 영이 함께 함이라."

2학년이 되었습니다. 올라가자마자 시험을 쳤습니다. 제 평생에 한 번만 있게 해 달라고 기도했습니다. 그 주일이었습니다. 교회에 가지 못하고 자격증 시험을 치러 가야 했습니다.

'하나님! 나를 쓰시기 원하시면 아니 그동안에 강하게 쓰신 하나님! 주의 일 할 수 있는 자유를 주옵소서.'

간절히 기도했습니다. 주산, 부기, 타자 힘들었지만 열심히 공부했습니다. 자격시험을 쳤습니다. 결과가 어떻게 나왔을까요? 아버지가 하시는 일이었습니다. 자유함이 임한 것입니다.

학교 담임선생님과 의논했습니다. 부흥회 간다고 해서는 말이 통하지가 않을 것 같았습니다. 그동안에 했던 방법, 그 방법이 최고였습니다.

"몸이 좋지 않습니다. 가끔 학교 오고 의사 소견서 끊어 넣고 병원에 가 있으면 안 될까요?"

고등학교에서는 그 사유가 통하지 않았습니다. 선생님들과 머리를 맞대고 될 수 있는 이유를 찾았습니다. 참 감사한 일이죠. 모든 선생님들이 저를 도와주시기 위하여 혈안이 되어 있을 정도였습니다. 하나님이 하시는 일이었습니다. 제가 좀 모범생이 아닌 모범생이었거든요. 선생님들께 예쁨을 받게 하셨습니다. 저는 제가 잘나서 그런 줄 알았습니다. 그렇지 않습니다. 하나님께서 당신 일 하시려고 계획하신 일이었습니다. 취업한 것으로 처리하면 자연스럽게 될 수 있었습니다. 그런데 또 문제가 생겼습니다. 제가 2학년이었기 때문입니다. 3학년 언니들도 어려운 취업이었기에 문제가 됐습니다. 병과 취업 두 가지를 병행하면 되겠다며 선생님들께서 허락하셨습니다. 교장 선생님께서는 저의 건강을 몹시 걱정해 주셨습니다. 저는 일부러 더 아픈 척해야만 했습니다.

'하나님! 긍휼을 베풀어 주세요.'

이 긍휼이 임한 것입니다. 드디어 완전 자유가 아닌 학생으로서의 부담감 속의 자유함이 임했습니다. 이 모든 놀라운 사실, 여러분 지금 이 책을 통해서 조금이나마 같이 느껴 보시길 원합니다.

부모님들께서도 제가 부흥회 나가는 걸 알게 되셨습니다. 하나님께서 당신의 딸을 멋지게 쓰고 계심도 보고 알게 되었습니다. 마음껏 일해야만 했습니다. 진짜 "내일 일은 난 몰라요. 하루하루 살아요." 다시 불탈 수 있었습니다. 병자들이 나왔습니다. 귀신 들린 자, 우울증, 간질, 폐병, 암…. 하나님께서 일하시면 문제 되는 병이 없었습니다. 부모님들과 같이 느끼고 보게 되었습니다. 부흥회 하고 받아 온 강사료를 감사함으로 어머니 손에 잡혀 드리는 효녀도 되어 보았습니다. 기뻤습니다.

아버지의 개척 교회에서
만난 폐병 청년

아버지의 개척 교회는 순조롭고 평안하였습니다. 불같이 일어나는, 물같이 밀려드는 양들로 채워지기 시작했습니다. 90퍼센트 이상은 다 세상에서 안 되는, 세상에서 될 수 없는 불치병자들이었습니다. 예수님을 몰랐고 예수님을 배척했던 사람들이었습니다. 아버지는 말씀의 영권이 아주 강하신 분이십니다. 저는 부흥회 다녀오면 열심히 힘껏 아버지 목회를 도왔습니다.

교회는 터져 나갔습니다. 환자들이 나았습니다. 제가 부흥회 나가서 비는 날에는 어머니께서 환자 기도를 맡았습니다. 저의 어머니도 굉장히 담대하고 강한 능력을 소유한 분이십니다. 제가 부흥회 나가고 없는 동안을 충분히 감당하며 빈 공간을 채울 수가 있는 능력의 딸이었습니다. 금요일이 되면 교회에 철야 기도회가 있었습니다. 주로 아버지께서 인도하셨는데 제가 여유가 되고 시간이 되면 한 번씩 인도를 했습니다.

여느 때와 다를 바 없이 환자들이 몰려왔습니다. 여러 환자가 있었지만 한 청년이 눈에 띄었습니다. 남자 청년이었습니다. 잘생겨서도 아닙니다. 키가 커서도 아닙니다. 찬양을 잘해서도 아닙니다. 꼬챙이처럼 말라 버린 그의 모습, 눈을 뜨고 볼 수 없었습니다. 폐병 환자였습니다. 각혈도 많이 한다고 했습니다. 환자라는 환자는 다 모여들었기 때문에 그가 지니고 있는 폐병은 우리에게는 아무 문제가 되지도 않았습니다.

그러나 자기 자신에게는 목숨이 왔다 갔다 하는 급박한 처지였고, 누구 하나 돌봐 주지 않는 외로운 형편이었습니다. 그렇다고 고아는 아니었습니다. 집도 시골에서는 꽤 사는 집안이었습니다. 부모님은 절에 다니시는 전통 한국 시골 어른이셨습니다. 이 청년은 살기 위하여 부모님 모르게 하나님을 선택했고, 교회에 나오게 된 것입니다. 청년은 기도도 하고 찬양도 하고 자기 건강을 염려하며 하나님을 붙잡아야만 했습니다. 모든 예배에는 빠지지 않고 잘 참석하는 편이었습니다. 인상도 자꾸 좋아져 갔습니다. 삶의 의욕도 믿음이 커짐으로 자꾸 생겨났습니다. 하나님께 부르짖으면 다 들어주신다는 전도사님의 말씀과 열심히 예수 사랑으로 봉사하며 훈계하며 심지어는 밥까지 챙겨 주는 헌신적인 사모님의 사랑에 자꾸만 예수님의 사랑을 느끼며 청년은 변해 갔습니다.

전도사로서 개척 교회를 운영하기는 힘들었지만 아버지는 열심히 최선을 다해 어머니와 같이 '늦게 부름 받았으니 더 열심히 더 최선을 다해서 해야 한다'는 헌신적인 사명감으로 교회를 섬겼습니다. 날이 갈수록 교우들을 사랑으로 어루만지며 목회를 아름답게하고 계셨습니다. 아버지가 개척한 곳은 경남 함양군 함양읍에 자리 잡고 있었습니다. 저는 아버지가 섬기는 교회에서 주일은 온전히 봉사하고 월요일이 되면 부흥회를 나가야 했습니다.

어느 날 금요 철야 기도회를 제가 인도하게 되었습니다. 그날도 많은 무리가 교회에서 찬양하며 기도하며 앉아 있었습니다. 이 청년도 앞자리에서 찬양하며 앉아 있었습니다. 그런데 갑자기 얼굴이 안 좋아졌습니다. 약 먹는 모습은 많이 봤지만 각혈하는 모습은 직접 보지 못한 상태였습니다. 평소에 볼 때는 몸이 많이 약한 청년, 핏기가 없는 청년, 괴로우면서도 즐거움을 잊지 않는 청년으로 보였던 사람입니다. 이 사람이 이 날따라 찬양을 하는데도 얼굴이 창백했고, 기쁨이 없었습니다. 억지로 따라 하는 찬양이었습니다. 강하게 찬양을 인도했습니다. 모든 성도들이 화답하는 듯이 호흡을 같이했습니다. 땅이 갈라질 듯 부르짖었습니다. 또 찬양했습니다.

이때였습니다. 청년이 바닥에 나뒹굴어져 버렸습니다. 다 놀라서 쳐다보았습니다. 입에서 각혈이 흘러나왔습니다. 심장은 점점 빨라졌습니다. 어찌할 바를 몰랐습니다. 사람들도 마찬가지였습니다.

아수라장이 되었습니다. 언젠가 미국에서 귀신 들린 사람이 왔던 현장이 떠올랐습니다.

'잠잠하라 고요하라.'

하나님의 음성이 들려왔습니다.

'딸아 담대하라.'

이 말씀 한마디에 저의 영이 제 심정을 사로잡았습니다. 각혈이 터져 나왔습니다. 사람은 죽어만 갑니다. 급박한 상황이었습니다. 저도 모르게 제 입으로 그 청년의 입에 묻어 나오는 핏덩어리를 뽑아낼 수밖에 없었습니다. 그때는 아무것도 생각나지 않았습니다. 단지 교회 안에서 이 사람 죽으면 예수 영광 가린다, 우리 아버지 목회 못한다, 큰일 났다, 만감이 교차되는 상황이었습니다. 더 급해졌습니다. 사람이 껄떡껄떡 넘어갔습니다. 숨이 막혔습니다. 제 생각에 기도가 막히는 것 같았습니다. 정신없이 입에서 입으로 핏덩이를 빨아냈습니다. 빨아내다 보니 어느새 어머니가 대야를 갖다 놓으셨고, 제가 그 대야에 뽑아낸 핏덩이를 뱉어내고 있었습니다. 10분, 20분 정신없이 입으로 빨아당겼습니다. 사람들은 울기 시작했습니다. 기도하는 사람도 있었습니다. 하나님을 부르는 사람도 있었습니다. 한참을 뽑아냈습니다. 제 입에 핏덩어리가 들어와 이에 씹혔습니다. 언제쯤인가 피비린내가 코 안으로 들어오기 시작했습니다. 구역질이 나기 시작했습니다. 침이 조금 나오는 것 같았습니다.

'하나님! 나 이제 그만할래요. 죽어도 못하겠어요.'

저는 하나님께 호소했습니다. 속이 안 좋아지기 시작했습니다.

그때 청년이 깨어났습니다. 그 이후로 이 청년의 병은 깨끗이 나았습니다. 주님만을 섬기는 귀하고 복된 아들이 되었습니다. 저는 그 이후로 기도했습니다.

"하나님! 제발 제 생애에 다른 환자 다 붙여 줘도 감사히 감당하겠습니다. 각혈 환자만 안 만나게 하시고, 이 상황이 다시는 기억나지 않게 하옵소서."

이 사건이 있던 다음부터 지금까지 저는 밥맛이 별로 없습니다.

금식할 때 그리도 먹고 싶었던 밥, 국, 반찬, 간식들이 별로 먹고 싶지가 않았습니다. 왜일까요? 지금도 날씨가 좋지 않고 제 몸의 컨디션이 좋지 않을 때면 입 안에서 피비린내가 올라오는 듯한 느낌이 있기 때문입니다. 제 생각일지는 모릅니다. 저는 하나님이 주신 음식은 감사함으로 다 먹는 편입니다. 한 가지 안 먹는 것이 있다면 여러분 선짓국 아세요? 먹지 않습니다. 그때부터 먹지 않던 선짓국이 성경에서 말씀하시는 '피는 먹지 말라'는 말씀과 일치하는지는 모르겠지만 아무튼 피에 대해서는 생각지도 않으려고 노력하는 편입니다.

그 이후로 이 청년은 집에서 거의 쫓겨나다시피 하며 공무원 공부를 했습니다. 거의 교회에서 살았습니다. 결론적으로 청년의 부모님을 제가 만나야만 했습니다. 찾아뵈었습니다. 저에게 말하는 영권을 주신 모양입니다. 그 완고한 부모님이 "저희들에게는 강요하지 마세요. 제 아들은 예수 믿게 하겠습니다."라고 말하였습니다. 집으로 들어가게 되었습니다. 마음으로는 신학

공부를 하고 싶은 모양이었습니다. 사정이 여의치 않았습니다. 공무원 시험을 치게 되었습니다. 열심히 교회 봉사를 했습니다. 청년들이 부족했던 터라 이 분야 저 분야에서 봉사도 많이 했습니다. 하나님께서 공무원 시험에 합격시켜 주셨습니다. 할렐루야. 이 청년의 기도 제목이 자기 손으로 벌어서 하나님께 십일조 바쳐 보는 일이었답니다. 왜냐고요? 건강이 안 좋아서 언제 자기 목숨이 어떻게 될지 몰랐기 때문입니다.

소문에 소문은 더해 갔습니다. 청년의 부모님은 교회는 나오지 않았지만 교회에 고구마도 갖다 주고, 농사지은 채소, 과일…. 마음으로는 예수님을 아주 좋아하고 있었습니다. 만날 때마다 전했습니다.

"예수님 믿으세요."

처음에는 펄펄 뛰던 반응이 점차 점차 수그러들었습니다. 나중에는 "저는 마음으로는 믿습니다. 저의 아들이 장손인데 예수 믿었으니 저라도 제사지내야죠. 그래야 조상들이 잘 봐주시죠."라고 말했습니다. 그러면서도 고마운 마음은 항상 가지고 있다고 누누이 말씀하셨습니다. 이 글을 쓰는 지금쯤은 예수님 믿는, 예수님을 구주로 섬기는 귀한 가정이 되어 있을 것으로 기대해 봅니다. 그 이후로 들은 소문에 의하면 이 청년도 신학 공부를 했다고 합니다. 훌륭한 목사님이 되었을 것으로 확신합니다.

매일 매일 주 안에서 살고 있었습니다. 주님 안에서 제가 받은 은혜를 조금이나마 더 보답하고 갚기 위하여 몸부림치며 새 생명을 얻어 가는 양들의 모습을 보며 아버지의 목회를 도왔습니다. 짬짬이 공부도 했습니다. 왜냐하면 대학 공부까지 마쳐서 그어떤 사람들 앞에 설지라도 당당하게 주님을 증거하고 싶은 소원이 있었기 때문입니다.

부흥회도 나가야만 했습니다. 미국 부흥회만큼 스릴 있고, 재미 있지는 않았습니다. 왜냐하면 우리나라 현실은 너무 절박했기 때문입니다. 경상도, 충청도, 강원도, 제주도, 경기도, 전라도 다니면서 부흥회를 했습니다. 어떤 교회는 아주 작은 교회도 있었습니다. 어떤 교회는 아주 큰 교회도 있었습니다. 저는 그런데는 신경 쓸 겨를이 없었습니다. 매주 부흥회를 마치면 아버지교회를 가야 했고, 짬짬이 공부도 해야 했기 때문입니다. 그냥 꼭 가야 하기에 다녔습니다. 이런 저에게 하나님은 순간순간 격려하며 칭찬하며 화답해 주셨습니다.

강사님, 좀 도와주세요

어느 날 전라도 지역에 부흥회를 갔습니다. 기도원이었습니다. 바닷가였습니다. 갯냄새가 물씬물씬 나는 곳이었습니다. 어느 지역인지는 이름이 어려웠기 때문에 어렵다는 생각밖에 안 납니다. 쥐포라고 연상하며 기억했습니다. 이 부분을 쓰려니까 굉장히 조심도되고 멈칫해지기도 합니다. 그러나 하나님께 영광이 더 되고 독자 여러분에게 믿음의 도전이 된다면 기록하는 것이 옳다는 생각이 들기에 글로 한번 남겨 보려 합니다.

기도원에서 부흥회를 시작했습니다. 저는 주로 부흥회를 시작할 때는 찬양을 많이 합니다. 찬양이 은혜로워서일 수도 있지만 먼저 제 자신이 하나님께 붙들리기를 소원하는 마음이기 때문입니다. 하나님이 일하심을 확인하는 마음에서 제 생명을 다해서 힘껏 찬양합니다. 사람 듣기에는 좋지 않은 목소리지만 또한 사람을 의식한다면 부를 수 없는 목청이지만 열심히 찬양합니다. 감동함이 임합니다. 성령의 불이 서로를 하나되게 만듭니다. 눈물이 날 때도 있습니다. 계속 이런 마음으로 천국 가는 순간까지 찬양하기 원합니다.

"주님 나를 부르셨으니 주님 나를 부르셨으니 이 몸 바쳐서 이 몸 바쳐서 주를 위해 살렵니다."

찬양이 울려 나왔습니다. 그냥 지나가는 사람들도 들어왔습니다. 마치 진공청소기가 먼지를 빨아들이듯이 빨려 들어왔습니다. 소문이 났습니다. 완전히 한 마을이 잔치 분위기가 되었습니다. 인근 지역에까지 소문이 난 모양입니다. 한 주 더 해 달라는 부탁에, 바다가 너무 좋았기 때문에 흔쾌히 부모님 생각도 하지 않은 채 찬양을 부르며 허락했습니다.

"오늘은 이곳 내일은 저곳 주 복음 전하리."

미친 듯이 몰려오는 파도처럼 제 마음도 다시 불붙는 것 같았습니다. 미국인지 한국인지 몰랐습니다. 그리도 저를 강박관념에 사로잡히게 한 공부 생각은 온데간데없이 학생이라는 생각까지도 잠시 잊어버린 집회였습니다.

부흥회 시작하는 시간이 되었습니다. 한 5분 찬양을 미친 듯이 하나님께 올려 드렸습니다. 제 눈에 띄는 무리가 보였습니다. 문을 열고 들어오는 것입니다. 조금 느낌이 이상했습니다. 예배를 인도 하다 보면 하나님께서 영감도 주시고, 상황 파악할 수 있는 능력도 빠르게 주십니다. 눈짓이 이상해 보였습니다. 행동도 다른 사람들과는 조금 다르게 좀 조심스러웠습니다. 소록도에 있는 분들이었습니다. 갈한 사슴이 시냇물을 찾듯 기적의 소문, 은혜의 소문, 열두 해 혈루병이 치료된 말씀 속의 기적이 나타난다는 큰 소문을 접하고는 몰려온 모양이었습니다.

나병환자는 국가적으로 출입을 통제합니다. 소록도에서 나올 수가 없습니다. 그러나 이미 온몸에 나병이 다 진행되어 버린 상태에서는 상대에게 피해가 가질 않는다고 합니다. 그러므로 국가에서 허용된 자들에 한해서 장사도 하게 하고, 물건도 만들고, 이 만든 물건을 시중에 건네기도 한다는 것입니다. 찾아온 이들은 이미 진행이 다된 바깥출입이 허용된 사람들이었습니다. 그러나 이들을 대하는 시선은 곱지가 않았습니다. 주여 주여 부르며 저는 죄인입니다, 고백하는 우리도 다를 바가 없었습니다.

혹시나 옮지 않을까 염려되는 마음에서 기도원을 찾은 많은 교우들은 두려워했습니다. 제가 빨리 수습해야만 했습니다. 생각했던 말씀의 주제를 바꾸었습니다. 그래도 미국에서 겪은 많은 일들이 어려운 상황에 대처하는 힘이 될 수가 있었던 것입니다. 안수를 해야만 했습니다. 정말 그들에게 손을 얹고 싶지 않았습니다. 그때 예수님께서 친히 그들의 머리에 그들의 몸에 일일이 안수해 주시는 모습이 제 눈에 환하게 들어오는 것이었습니다. 저는 그때부터 그들을 부둥켜안았습니다. 목 놓아 울었습니다. 미친 듯이 소리 질렀습니다.

마치 "다윗의 자손 예수여 우리를 불쌍히 여기소서." 이 말씀이 상기될 정도로 아버지를 불렀습니다. 제 눈에는 알 수 없는 눈물이 한없이 흘러내렸습니다. 제 눈물이 그들의 목을 타고 들어간 모양이었습니다. 그들도 울었습니다. 좀체 마음 문을 열 수 없는 것이 그들의 형편이었지만 너무나 순수한 믿음과 소망과 사랑을 지니고 살아가는, 예수님을 닮은 사람들이었습니다. 저도 예수 사랑으로 대할 수밖에 없었습니다.

그러나 환경이 여의치가 않았습니다. 많은 사람들이 마치 홍해가 갈림같이 그들 옆에서 비켜 나갔습니다. 말씀을 전하고 통성 기도를 하고 안수를 마치고 식사 때가 되었습니다.

"강사님 가시죠."

벌레 보듯 하며 밀치며 사람들은 나갔습니다. 그래도 그들은 기뻐했습니다. 원장님께 죄송하다는 말까지 건네며 저에게 상담을 요청했습니다. 원장님은 단칼에 거절했습니다. 저의 형편이 원장님의 눈치를 봐야 했기에 그냥 나갈 수밖에 없었습니다. 점심밥을 먹었습니다. 아주 정성스럽고 먹음직스럽게 차려진 식단이었습니다. 제 입에서는 밥알이 돌았습니다. 저에게 애원하듯 대화 시간을 요청했던 그 모습이 잊히지 않았습니다. 저의 생각에 마치 하나님을 외면한 듯 괴로웠습니다. 밥을 먹는 둥 마는 둥 시간만 때웠습니다.

"강사님 입맛에 맞지 않으세요?"

염려되는 목소리로 원장님이 말을 건넸습니다.

"아니요. 좀 피곤하네요."

피곤하다는 핑계로 지나갈 수밖에 없었습니다. 그 상황에서 저의 마음을 토할 수가 없었습니다.

"그들이 눈에 밟혀요."

이렇게 말할 수가 없었습니다. 온통 식사 시간의 대화가 그들에 대한 대화였기 때문입니다. 또 오면 많은 이들을 위해서 쫓아내 버리자는 말까지 나왔습니다. 저는 아무 말도 할 수 없었습니다.

'아버지! 피곤해요. 괴로워요. 자고 싶어요. 잊고 싶어요.'

만감이 교차되는 시간이었습니다. 숙소로 돌아갔습니다.

난리가 났습니다. 왜일까요? 그들이 가지 않았기 때문입니다. 기도원에 나쁜 냄새가 난다고 난리였습니다. 그렇지 않은 것 같은데, 많은 이들이 그렇게 얘기하니 들을 수밖에 없었습니다. 그들이 가지 않은 이유인즉 저를 꼭 만나야 한다는 것이었습니다. 만나기로 마음먹었습니다. 숙소로 데려오기는 역부족이었습니다. 제가 나가야 했습니다. 만나러 나갔습니다. 동행하는 이는 별로 없었습니다.

가다가 보니 또 떨어졌습니다. 다 도착할 때쯤 아무도 없었습니다. 더 자유로웠습니다. 원장님은 제가 나오지 말라고 했습니다. 대화하는 데 방해가 될 것 같았기 때문입니다. 은근히 좋은 모양이었습니다.

그들이 있는 곳으로 들어갔습니다. 조금은 냄새가 나는 것 같았습니다. 무슨 냄새인지는 모르지만 대다수 사람들이 맡기에는 조금 누린내라고 할까요? 그들은 저를 천사를 대하듯 하며 마치 예수님께서 자기들을 만나기 위해서 오신 양 좋아했습니다. 저를 부둥켜안았습니다. 제 몸에 소름이 끼쳤습니다. 이 책을 대하는 독자 여러분, 크신 사랑으로 저의 행동을 이해해 주시기를 소망합니다. 대화가 시작되었습니다.

"많은 은혜 받았습니다. 어찌 그리 고우세요?"

여러 가지 저에 관한 칭찬으로 대화를 먼저 시작했습니다. 저는 빨리 대화를 마치고 싶었습니다. 저녁 집회도 인도해야 되고 좀 쉬고도 싶고 중간 중간 공부도 해야 했기 때문입니다. 아무튼 만감이 교차하는 시간이었습니다. 저는 조심스러운 마음으로 말을 건넸습니다.

"저에게 하고 싶은 말이 뭐죠?"

대화가 진지하게 이루어지려고 하는 찰나에 원장님이 못내 마음이 불안했는지 책임감에서인지 들어왔습니다. 한결 마음이 가벼워졌습니다. 아무리 주의 이름으로 나갔지만 제 나이가 어리고, 제가 이런 어려운 경험은 당해 보지 않았기 때문에 감당하기가 힘든 상태였습니다. 원장님이 오셔서 제 옆에 살며시 앉았습니다. 갑자기 분위기가 경직되었습니다. 사정상 제가 말을 이을 수밖에 없었습니다.

"무슨 말씀인지 해 보시죠."

그중 한 분이 마스크를 하고 있다가 푸셨습니다. 저는 깜짝 놀랐습니다. 그때야 이분들이 마스크와 스카프 같은 것으로 코와 입 주위를 가리고 있는 것이 제 눈에 띄었습니다. 풀자마자 제 얼굴이 찌푸려졌습니다. 왜일까요? 그들의 얼굴은 일그러져 있었습니다. 눈썹도 거의 없었고, 입술 색도 분명치 않았고, 코도 다 문드러져 있었습니다. 소름이 끼쳤습니다. 그러나 표현할 수 없었습니다.

원장님은 퉁명스러운 목소리로 "이런 얼굴로 저의 기도원에 왜 오셨습니까?" 질문하셨습니다. 그들은 아랑곳하지 않았습니다. 계속 말이 진행되었습니다. 저녁 집회 시간이 점점 가까워져 왔습니다. 저녁도 먹어야 했습니다. 원장님께서는 "빨리빨리 하고 가죠." 그저 분위기를 바꾸고 그들을 빨리 내보내기 위해서 몸부림치는 것이 보였습니다. 그들도 눈치는 있는 것 같았습니다. 그러나 아랑곳하지 않았습니다.

대화가 시작되었습니다. 그들의 요구 조건은 엄청났습니다. 청천벽력 같은 요구를 했습니다. 무엇이었을까요? 독자 여러분은 이 상황에서 만약 그런 형편이라면 무얼 요구하셨을까요?

저는 그들이 요구하는 것이 "낫기를 원합니다." 이것이 아닐까 생각했습니다. 그러나 그렇지 않았습니다. 다들 이구동성으로 저에게 같은 말씀으로 부탁하였습니다. 애원했습니다. 몸부림쳤습니다.

"저희는 이미 이렇게 생겨 버렸습니다. 하지만 지금 소록도에는 많은 동료들이 있습니다. 그중에서는 한참 진행되어 가는 동료도 있고, 다 진행되어서 일반인과 모양만 조금 다를 뿐 접촉해도 되는 사람들도 많습니다. 좀 도와주세요."

이 도와주라는 말 한마디에 저는 정신이 없었습니다. 무슨 말인지 잘 몰랐습니다. 단지 원장님 표정을 보고 더 놀랐습니다. 원장님이 노발대발했습니다.

"이 사람들이 우리 강사님, 당신들과 같이 되게 하려고 작심을 했군. 가세요!"

단호하게 제가 말하기도 전에 무 자르듯이 잘라 버렸습니다. 저의 손을 붙잡고 원장님께서 나와 버렸습니다. 저는 그 길로 숙소에 들어가 다 잊고 싶어서 잠을 잤습니다.

잠자는 동안 꿈에서 예수님께서 제 영을 어루만져 주심을 보았습니다. 제 영과 육이 아까 본 나병촌 사람들보다 더 더러워 보였습니다. 웃겨 보였습니다. 저는 꿈에서 얼마나 울었는지 모릅니다.

'하나님! 내가 나병이네요. 누가 치료해 주겠습니까? 의술로도 안 됩니다. 돈으로도 안 됩니다. 하나님! 도와주시지 않으면 안 됩니다.'

꿈에서였지만 한없이 울었습니다. 전화벨이 울렸습니다. 저는 저녁밥을 먹지 않았습니다. 점심도 잘 먹지 못했지만 저녁도 넘어갈 것 같지가 않았습니다. 조금 빨리 기도원으로 들어갔습니다.

웬일입니까? 무슨 일일까요? 그들이 가지 않고 있었습니다. 기도가 너무 애절했습니다. 제 귀에만 그렇게 애절하게 들렸을까요? 그건 모르겠습니다. 창자를 도려내는 듯한 기도였습니다. 말씀에 한나가 사무엘을 잉태하려고 술 취한 듯 죽을 각오를 하고 기도하는 모습이 은연중 생각났습니다. 제 마음이 너무나 아팠습니다. 한 사람이 저를 지켜보았습니다. 다른 분들에게 "강사님 오셨어요." 얘기하는 분위기였습니다. 저는 바깥의 공기가 좋았습니다. 어쩌면 안에 들어가기 싫어서일 수도 있었습니다.

그들이 울고 기도하는 모습에 저도 모르게 "식사는 하셨나요?" 아는 척을 해 버렸습니다. 그들의 대답은 한결같이 "강사님 좀 도와주세요, 좀 불쌍히 여겨 주세요."였습니다. 저는 허락을 해 버렸습니다. 가끔 한 번씩 배 타고 들어가 주기로 했습니다. 원장님께서 아셨습니다. 난리가 났습니다. 저에게 호통을 쳤습니다. 저도 완강하게 나갔습니다.

"그러면 그들은 하나님 자식 아닌가요? 어떻게 말씀을 전하며 찬송을 부르며 하나님께 '저를 불쌍히 여겨 주세요. 저에게 긍휼함을 베풀어 주세요.'라고 기도할 수 있단 말입니까?"

그렇게 선포하고 나니까 두려움이 없어졌습니다. 전화번호를 가르쳐 주고, 그들과 같이 저녁 부흥회를 마쳤습니다. 그들은 떠나고 저는 나머지 부흥회를 마무리 짓고 다시 집으로 가야 했습니다.

한 2주 지났습니다. 아버지 목회에는 기쁨의 꽃이 피었습니다. 말씀이 새로워지고 기도가 응답되고, 참 재미있는 교회였습니다. 학교도 가고 안수도 했습니다. 전화가 왔습니다. 어딘지는 몰랐지만 어머니는 스스럼없이 바꿔 주었습니다. 왜냐하면 저를 찾는 전화가 전국 방방곡곡에서 많았기 때문입니다. 전화 내용은 이랬습니다.

"강사님, 다음 주에 소록도에 한번 가실래요?"

제 마음은 쿵 내려앉았습니다. 그러나 제가 주의 이름으로 약속했기에 "그까짓 거 갑시다." 하고 응했습니다. 차마 어머니 아버지께는 "소록도 다녀올게요." 말씀은 못 드렸습니다. "부흥회 다녀올게요."라고 말씀드렸습니다.

"어디 가는데?"

"전라도요. 저도 잘 몰라요."

거짓말은 할 수 없었기 때문입니다. 쥐포인지 율포인지 모르겠지만 아무튼 여수를 지나갔습니다. 한참 갔습니다. 부두가 보였습니다. 조그마한 배가 나와 있었습니다. 그때까지만 해도 몰랐습니다. 들어갔습니다. 배를 타고 한참을 들어갔습니다. 그다지 반갑지 않은 표정으로 저를 맞아 주었습니다. 처음에는 저를 경계했지만 죽으면 죽으리라 하는 마음으로 대했습니다. 그랬더니 나중에는 그들이 저를 철저하게 보호해 주는 것을 느꼈습니다. 하나님께서 그들을 통해서 저를 보호하셨습니다. 그들에게서… 누가 어떻게 얼마만큼 치료받았는지 일일이 말씀드릴 수는 없습니다. 한 가지 말씀드릴 수 있는 것은 그들에게 예수님 사랑을 확실히 전하고 왔다는 사실입니다.

"예수님은 당신들을 구원하기 위해서 오셨습니다."

처음에는 별로 반응이 신통치 않았습니다. 저주받은 몸이라고 자신들이 인정하고 있었습니다. 그러나 다른 곳과 같이 찬송을 미친듯이 인도하며 불렀습니다. 여러분이 상상할 수 없는 일들이 벌어지고 있었습니다.

여러분! 손가락 마디가 끊어지면 다시 붙을까요? 붙지 않을까요? 바로 붙이면 말입니다. 보통 분들은 붙습니다. 저는 이런 기적을 많이 보았으니까요. 그러나 소록도 분들은 그렇지 않습니다. 마디마디가 분리되어서 떨어지기 때문입니다. 그러나 하나님께서 역사하셨습니다. 붙었습니다. 눈물로 기도했습니다. 손가락 마디를 붙들고 "하나님! 찬양하다가 박수 치다 떨어진 마디예요. 붙여 주세요."라고 기도했습니다. 건강한 사람과 동일하게 붙었습니다. 이 기적이 믿어지는 은혜가 임하시길 간절한 마음으로 바랍니다. 그분은 나았습니다. 문둥병이 나은 것입니다. 믿어지십니까?

"믿는 자에게 이런 표적이 따르리니 죽은 자가 살아나고 눈먼 맹인이 눈을 뜨며 나병환자가 건강함을 입을지어다."

예수님의 명령에 저의 육신은 화답할 수밖에 없습니다. 할렐루야. 여러분 생애에도 어려운 일, 힘든 일, 내가 할 수 없는 일이 있으시다면 하나님의 명령이 저에게 여러분에게 임하는 은혜가 축복이 넘쳐 나기를 체험되기를 소원합니다.

배를 타고 육지로 나왔습니다. 너무너무 좋았습니다. 그 많은 체험을 시켜 주신 하나님과 함께 있었지만 저는 육지가 좋았습니다. 육지가 좋은 것보다는 소록도가 너무 부담스러웠던 것입니다. 그래도 하나님이 가라면 가야만 했습니다. 오라면 와야만 했습니다. 저는 하나님을 사랑했고, 하나님의 사랑을 마음껏 누리며 살아가고 있는 복된 사람이었기 때문입니다.

어느 가족에 내린 은혜

전주 집회 때의 일입니다.

집회가 한창 은혜롭게 이루어지고 있을 때의 일입니다. 그 교회 장로님 내외분이 나오셔서 특송을 하셨습니다. 너무나 은혜로운 찬양이었습니다. 곡조 있는 기도로 느껴질 만큼 애틋한 뜻을 담고 있는 특송이었습니다. 제 마음이 뭉클하였습니다.

"나의 갈 길 다 가도록 예수 인도하시니 그의 사랑 어찌 큰지 말로 할 수 없도다… 나의 갈 길 다 가도록 예수 인도하시니 어려운 일 당할 때도 족한 은혜 주시네."

저의 마음이 요동치는 내용이었습니다. 뭔가가 어려움이 있다는 생각이 들었습니다. 너무나 현실적으로 부딪히는 찬양으로 마음을 다해서 주께 간구하는 기도였습니다.

집회를 마치고 안수기도를 하였습니다. 장로님 내외분의 머리 위에도 손을 얹게 되었습니다. 얹자마자 고함이 쏟아지고 눈물이 홍수처럼 흘러내렸습니다.

'아! 문제가 있다. 무슨 문제일까? 아버지께서 무슨 문제를 또 해결하실까?'

저는 안수를 계속해 나가야만 했습니다. 통성기도를 시켜 놓고 자유롭게 기도하는 시간을 교인들에게 주고 숙소로 돌아왔습니다.

아니나 다를까 역시나 올 것이 왔습니다. 담임 목사님과 장로님 내외분의 모습이 숙소 문 앞에 보였습니다. 만났습니다. 사연인즉 장로님의 아들이 친구를 잘못 사귀어 먼 곳에 가 있다는 것입니다.

"어디요?"

저는 퉁명스럽게 물었습니다. 목사님께서는 슬그머니 나가 주셨습니다. 다 알고 있는 사실이었지만 장로님 내외분의 입장을 고려해서 자리를 비켜 준 모양이었습니다. 이 아들로 인하여 지금 교회에서 시무장로 직분도 잠시 쉬고 있는 중이라고 했습니다.

권사님의 눈에는 눈물이 폭포수처럼 흘러내렸습니다. 전주 주변지역에 위치한 소년원에 지금 가 있다는 내용이었습니다. 어머니 아버지 말은 들은 체도 하지 않을 만큼 부모에 대한 원망과 감히 인간이 할 수 없는 하나님께 대한 원망이 너무 깊이 너무 많이 자리 잡아 버린 마음이 되었다고 합니다. 상담의 이유는 저의 예배 인도하는 헌신된 모습과 열정적인 찬양 인도와 힘 있는 살아 있는 말씀을 대하며 '와! 우리 아들 들으면 예수님 영접할 수 있겠다.'라는 확신이 임하여 찾아왔다는 것이었습니다. 목사님께서도 "그렇게 될 수만 있다면 얼마나 좋을까? 우리 부탁 한 번 해봅시다." 하며 저에게 왔다는 것입니다. 목사님께서도 이 아들을 안타깝게 여기시는 것은 아주 예수님을 복되고 귀엽게 멋지게 아름답게 섬겨 온 귀한 아들이었기 때문이라고 했습니다.

장로님 부부가 저의 확답을 받지 못한 채 확답을 기다리며 다음 집회 시간을 위하여 준비하고자 집으로 돌아가시고 난 뒤 저는 담임 목사님께 조심스레 물었습니다.

"목사님, 무슨 이유가 있죠? 아까 장로님 아들 말입니다."

목사님께서는 입을 여셨습니다. 권사님은 아들을 낳지 않은 새어머니였습니다. 장로님 첫째 부인이 하나님의 부르심을 받고 천국으로 이사하시고 그 자리를 채우신 분이라고 했습니다. 권사님은 기도를 많이 하시고 많은 이들에게 존경을 받으시고 시집도 안 가셨던 나이 많은 노처녀로서 사시다가 장로님의 예수님 사랑하는 그 귀한 마음이 좋아서 매달려서 부인이 되었다고 합니다. 그런데 그때부터 아들이 사춘기 때였는지 어린 마음에 아버지도 새어머니도 이해할 수가 없었던 모양입니다. 권사님이 잘해 주면 잘해 줄수록 겉돌았다고 합니다. 부족함이 없는 단란한 집이었는데, 먹구름이 싸이고 찬바람이 불고 얼음장 같은 차가운 시선들이 부모 자식 지간에 오고 갔다고 합니다.

이 일로 아들이 교회도 나오지 않고 공부도 하지 않고 일부러 나쁜 친구만 사귀며 어머니 데려가신 하나님을 원망하며 지내다가 몇 번씩 경찰서에 왔다 갔다 했다는 것입니다. 그러나 정신을 차리지 못하고 더 심해만 가는 반항심에 무엇이든지 부정적으로 보고 자신을 학대하며 끝내는 소년원까지 들어간 경우였습니다.

목사님께서 저녁에 다시 간곡히 부탁하셨습니다. 저는 목사님의 부탁에 외면할 수 없었습니다. 집회를 마치고 마지막 날 한번 가 주기로 약속을 해 버렸습니다. 이 사실이 장로님 부부에게 곧장 알려졌습니다. 남은 시간들은 더 울음바다가 되었습니다. 이 일은 온 교회가 짊어져야 할 십자가일 정도로 큰 의미를 가진 사건이었던 것입니다. 교인들이 부르짖었습니다.

"하나님! 어린 아들의 마음에 찾아가 주세요. 성령님 역사해 주세요."

한 마음 한 뜻이 되어 몸부림치며 마치 자신들의 아들의 일인 양 부르짖어 주었습니다. 저의 마음은 더 무거웠습니다. 꼭 찾아가서 변화시켜야만 될 것 같았습니다. 참 괴롭고 힘들고 참 곤고한 마지막 집회였습니다.

생전 처음 가야 하는 소년원. 저는 그래도 가면 되겠지 뭐, 라고 생각하며 따라갔습니다. 마치 제가 고아원을 방문할 때의 분위기만을 생각하며 따라갔습니다. 면회 신청을 했습니다. 미리 장로님께서 다 연락해 놓은 터라 부모의 면회 신청이었기 때문에 쉽게 허락이 났고 시간도 많이 허용되었습니다. 아들을 만났습니다. 어머니를 보는 순간 아들의 마음은 더 굳어지는 것 같았습니다. 아들의 행동은 더욱 난폭해지는 것 같았습니다. 괴로운 마음으로 잠깐 대화를 했습니다. 대화를 하는 순간 제 머릿속에 스쳐 지나가는 것이 있었습니다.

'이 아이는 되겠다. 믿음이 있어.'

제 눈에만 보였는지 모르지만 믿음이 보였습니다. 여러 말을 했지만 받아들이려고 하지를 않았습니다. 안타까운 마음을 안고 각자 집으로 돌아가야 했습니다. 저는 괴로웠습니다. 제 속에 거하시는 성령님을 기대하며 저를 데리고 가셨는데, 여느 때와 같은 분위기였습니다. 어찌 되었건 각자 헤어졌습니다. 그때부터 저의 마음은 온통 그 아이의 생각밖에 없었습니다.

집으로 돌아왔습니다. 전주에서 제가 살고 있는 함양까지는 약 5시간 정도의 시간이 걸렸습니다. 이 5시간이 어떻게 지나갔는지 모르게 집으로 돌아와 버렸습니다. 환자를 다시 보게 되었습니다. 또 학교를 한번 들러 보게 되었습니다.

2주일이 지나갔습니다. 바쁘게 바쁘게 지내야만 했음에도 저의 머릿속에는 온통 소년원 그 어린 아들밖에 생각나지 않았습니다. 말은 어린 아들인데, 나이는 그 당시의 제 나이와 거의 비슷한 정도였습니다. 자세히 물어보지는 않았습니다. 제 느낌이 그랬습니다. 몸집도 그중에서는 왜소해 보였습니다. 연약해 보였습니다. 다들 덩치가 좋았습니다. 무서웠습니다. 이 장로님 아들은 그렇지 않았습니다. 제가 보기에는 바람에 날아갈 것 같은 낙엽처럼 힘없는 아이로 느껴졌습니다. 금요일이 되었습니다. 아버지께 급하게 다녀올 곳이 있다고 말씀드리고 나가려고 했습니다.

"어디 가니?"

이유가 없었습니다. 제 입에서는 그만 거짓말이 튀어나오고 말았습니다.

"금요일 날 철야 예배 인도할 데가 있어서요."

집회를 수시로 나가는 딸이라 부모님께서는 한 치의 의심도 없었습니다. 저는 혼자 중얼거렸습니다.

"아버지, 아시죠. 제가 어디를 가려고 하는지 저의 마음을 주장하시는 하나님! 이 마음도 하나님께서 주셨사오니 저의 길을 인도하옵소서. 부모님에게 거짓이 되지 않게 하옵소서. 소년원에 저 부흥회 하러 갑니다. 아시죠. 불바다 되게 하옵소서."

차를 타고 갔습니다. 시외버스를 타고 갔습니다. 부흥회 하는 곳에서 차를 보내 주는 게 제가 부흥회 가는 곳의 기본이었는데, 이 부흥회는 하나님께서 하시기 때문에 많은 영혼 구원하기 위해서 큰 차를 타고 가게 하셨습니다. 시외버스 말입니다. 가고 가고 또 갔습니다. 너무나 오래 걸렸습니다. 제 머릿속에는 하루 종일 가는 것같았습니다.

전주에 내렸습니다. 가도 가도 끝이 없는 삼만 리 길이었습니다. 또 타고 가야 했습니다. 그 장로님 내외분과 같이 갈 때에는 길이 좋아 보였는데, 어찌 그리 꼬불꼬불한 길인지 몰랐습니다. 한참을 가다 보니 좋은 길이 나왔습니다. 외길이었습니다. 안면이 있는 건물이 보였습니다. 어딘지 아시겠죠?

가서 하루 면회 신청을 했습니다. 되지 않았습니다. 알리고 싶지 않았지만 장로님에게 전화를 해야만 했습니다. 전화번호도 몰랐습니다. 제가 안됐는지 간수 아저씨께서 보호자의 전화번호를 가르쳐주셨습니다. 왜냐하면 몇 주 전에 같이 온 사람임이 확인되었기 때문입니다. 장로님께서 면회 신청을 전화로 해 주셨고, 허락이 떨어졌습니다.

그 아들이 나왔습니다. 나왔는데 가까이 있게는 하지 않았습니다. 거리를 두고 만나라는 것이었습니다. 왠지는 지금도 알고 싶지는 않습니다. 이 글을 읽고 있는 독자분들도 대충은 아시는 이유일 것입니다. 뭔가 불인가도 모르는 나이에 들어와 사고 치는 아이들이 너무 많다고 합니다. 그러하기에 이 아이도 같은 취급을 받아야만 했습니다.

저는 말을 건넸습니다. 저보다 나이가 두 살 밑이었습니다. 생각에 자기를 다시 찾아왔다는 이유로 고분고분 따라 주었습니다. 저는 이 기회를 놓칠 수 없었습니다. 한 영혼이 천하보다 귀함을 알았고, 한 영혼을 위하여 내 주님 십자가에 못 박히시고 피까지 흘려주시고, 이 세상을 구원키 위해 기도해 주신 그 사랑에 보답하고 싶었습니다. 또 나를 믿고 나의 하나님을 크게 여기며 저에게 부탁하신 그 교회 담임 목사님과 장로님 내외분의 얼굴 때문에 그렇게 해야만 했습니다.

간수 아저씨들에게 밥을 시켜 드렸습니다. 제 몸이 온전치 못해서였는지 아저씨들은 저를 안타까운 마음으로 배려해 주시는 것 같았습니다. 하나님의 도우심으로 그날 일직 간수 아저씨들 중에는 예수님을 잘 섬기는 집사님도 계셨습니다. 저는 찬양을 했습니다. 대화하다가 막혔습니다. 어머니 얘기가 나오자 대화가 차단이 되었습니다. 그때부터 찬양했습니다. 저를 들어 쓰시는 하나님께 온 마음으로 많이 기도했습니다. 3시간쯤 듣든지 안 듣든지 찬양했습니다.

"세상에서 방황할 때 나 주님을 몰랐네. 내 맘대로 고집하며 온갖 죄를 저질렀네…."

아는 찬양은 다했습니다.

"어머니의 넓은 사랑 귀하고도 귀하다…."

한참이 지났는데 아이 입에서 "아버지!" 부르는 것입니다. 저는 깜짝 놀랐습니다.

'와! 됐다, 우리 아버지 불렀다.'

그러나 나의 착각이었습니다. 언제인지 모르게 와 계시는 장로님. 그의 두 뺨에 흘러내리는 피 같은 눈물.

"아버지!"

제가 생각하였던 아버지는 하나님 아버지였고, 그가 부른 아버지는 자기 눈에 보이는 육신의 아버지 장로님이셨습니다. 그날 저녁에 울음바다가 되어 버렸습니다. 권사님도 오셨습니다. 오셨는데 들어오지 못했던 것입니다.

"엄마 왔는데…."

조심스레 건네는 장로님의 한마디에 "엄마?"라고 아이가 반문

했습니다. 저의 입에서 "그래, 너의 엄마. 세상 사람들이 다 알고 있는 너의 엄마. 너의 엄마는 천국 갔지만 또 너를 위해 하나님이 허락하신 널 위해 기도하는 너의 엄마." 이 말이 저도 모르게 튀어나왔습니다. 큰 소리로 부흥회 인도하듯이 토해 버린 이 한 마디. 이 한마디에 장로님과 권사님이 먼저 울음을 터뜨렸습니다. 아들도 하나님의 영권에 사로잡혀서 마음이 돌아왔습니다. 악한 마귀, 우리를 괴롭히는 정신적인 분노, 이 모든 것이 주의 이름으로 쫓겨 나간 것입니다.

몇 달 뒤 다시 전주 쪽에 부흥회가 열렸습니다. 타 교인인데 강사님 잘 아시는 분이라며 특송 신청을 했다는 것입니다. 누군지 궁금했습니다. 저는 전라도 지역에는 아는 분이 별로 없었습니다. 하라고 허락하였습니다. 담임 목사님께서도 허락하셨습니다.

웬일입니까? 누구인지 짐작이 되시죠? 세 가족이 터벅터벅 앞으로 나왔습니다.

너무나 놀라웠습니다. 변화된 모습이, 변화되어 가는 모습이 너무나 역력히 보였습니다. 참 감사한 일이 아닐 수 없었습니다. 여러분의 삶 속에 변화되어야만 하는데 변화되지 않는 부분이 있다면 이 글을 접함과 동시에 변화되는 은혜가 충만하시기를 소원합니다. 이 글을 쓰는 이유는, 이 모든 간증을 토하는 이유는 제 자랑을 하기 위함이 아닙니다. 제가 제 자랑을 하기 위해서라면 더 스릴 있게 살을 붙여 가며 충분히 저를 올려 가며 글을 썼을 것입니다. 조심스레 아주 조심스레 이런 간증을 여러분들께 적어 보이는 이유는 제 속에 거하시는 내 하나님, 저를 쓰시는 위대하신 나의 하나님, 그능력을 독자 여러분도 누리며 체험하는 은혜가 넘쳐 났으면 하는 바람 때문입니다.

세 번의 대입시험

고 3이 되었습니다. 공부를 해야만 했습니다. 저의 마음이 대학 진학하는 것으로 굳어졌기 때문입니다.

여느 때와 마찬가지로 학교를 갔습니다. 인문계 공부를 하기 시작했습니다. 실업계 학교였지만 학교에서 원하는 급수를 하나님 은혜 가운데 이미 다 딴 터라 인문계 공부를 할 수 있었습니다. 저뿐만 아니라 다른 친구 몇몇도 대학 갈 준비를 하고 있었습니다. 한반이 채 안 되는 숫자였지만 한 반을 이루어 인문계 공부를 했습니다. 돈 때문에 실업계 학교를 지원한 친구들에게는 참 마음이 아픈 일이었습니다. 그들은 빨리 취업하여 돈을 벌어야 했기 때문에 꿈도 꿀 수 없는 인문계 공부였습니다. 그들은 인문계 공부를 하는 친구들을 별로 좋게 보지 않았습니다.

"대학을 가려면 인문계를 가지, 왜 여기서 난리야."

쑥덕쑥덕하는 소리가 들렸습니다. 그러나 하나님 은혜로 저에게 만큼은 "너는 꼭 돼." 하며 응원해 주었습니다. 저의 친구 관계가 그렇게 나쁘지 않았기 때문입니다. 지금 생각하면 모든 게 하나님의 돌보심 때문이요 계획 속에 이루어진 일이었던 것입니다. 저녁이 되면 야간 자율학습을 마치고 집으로 돌아와야만 했습니다. 제법 늦은 밤인데도 여전히 저를 기다리고 있는 눈치 없는 환자들. 여러분이면 어떻게 하셨겠습니까? 가방을 놓자마자 안수를 해야만 했습니다. 너무너무 아파하며 고통스러움으로 온종일 지내던 분들이, 주님밖에 매달릴 데가 없는 분들이 저를 기다리며 하나님을 부르고 찬송하며 있었던 것입니다. 때로는 짜증도 났습니다. 때로는 코피도 쏟았습니다. 그러나 매 순간 보여 주시고, 들려주시고 체험케 하시는 그 넓은 아버지의 사랑 때문에 베풀어야만 했습니다. 새벽기도도 꼭 참석해야만 했습니다. 왜냐고요? 기도할 시간이 없었기 때문입니다. 새벽기도 이후에 한 한 시간쯤 열심히 기도했습니다. 밥은 먹는 둥 마는 둥 학교에 쫓아가야만 했습니다. 불이 붙었습니다. 목표가 분명했으니까요.

'대학 가서 하나님 일 더 크게 더 멋있게 하자.'

우리 하나님이 나에게 원하시는 일이라 생각했습니다. 중간 중간 부흥회도 나가야 했습니다. 될 수 있으면 부흥회는 당분간 줄이려 고 애썼습니다. 꼭 가야 될 곳만 갔습니다. 어느 날 마음이 무거웠지만 부흥회를 꼭 가야 되기에 갔습니다. 열심히 부흥회를 인도했습니다. 금요일에는 공부해야 된다는 강박관념에 사로잡혀 차에서 책 보며 수시로 공부하며 집으로 돌아왔습니다. 여전히 환자들은 많았습니다. 다 제 몫이었습니다. 일주일 동안을 기다리고 있었습니다. 저를 보자 마치 사자가 먹을 것이 없어 몇 날 며칠 헤매다가 먹이를 찾음같이 저에게 달려들었습니다. 자기들은 반갑다고 소리치는 모습이 마치 저에게는 굶다가 먹을것 찾은 이리처럼 느껴질 때도 있었습니다. 제 마음으로 몇 번씩 다짐합니다.

시골인지라 연세 드신 분들이 많았습니다. 특히 고생하셔서 생기는 병이 대부분이었습니다. 관절염으로 두 다리가 엄청나게 부어서 구부리지도 못하고 걷지도 못하고 두 다리를 펴고 앉아서 들어오시는 분도 계셨고, 영문도 모르는 불치병으로 시름시름 앓다가 굿까지 한, 무당이 되어야 나을 수 있다는 귀신병에 걸린 사람도 있었습니다. 아무튼 세상에서는 잘 접하지 못하는 희귀병들이 몰려오기 시작했습니다.

한 성도님의 이야기입니다. 남편은 공무원이셨습니다. 두 아들과 두 딸을 둔 단란한 가정이었습니다. 물론 예수님을 믿지 않았습니다. 어머니 힘이 굉장히 센 가정 같았습니다. 그 힘 있는 어머니가 시름시름 아파 갔기에 나을 수만 있다면 무엇이든 할 수밖에 없는 가정이었습니다. 저희 교회 소문을 들었습니다. 물론 저희 교회 소문을 듣고도 교회 오기 싫어서 예수 믿기 싫어서, 일주일에 한 번씩 굿도 하고 용하다는 데는 다 다녀 보고 좋다는 병원과 귀에 들려오는 약재들까지도 모조리 다 써 보고 최후로 살기 위해서 못 살겠기에 저희 교회를 찾아오신 가정이었습니다. 다른 사람과 같이 저를 기다리고 있었습니다.

저를 보는 순간 이분이 부들부들 떨었습니다. 식은땀을 흘렸습니다. 안수를 했습니다.

"예수 이름으로 명하노니 새로운 영으로 회복될지어다."

여자는 잠잠해졌습니다. 치료를 받았습니다. 제가 손을 얹는 자리마다 수제비 같은 것들이 몸에 불거져 나오기 시작했습니다. 옆에서 기도하며 돕던 집사님들까지도 놀라워했습니다. 온 몸 안에 자리 잡고 있던 원인 모를 나쁜 것들이 막 올라오는 것 같았습니다.

몇 주 안수를 더 받았습니다. 많이 부르짖었습니다. 많이 회복되었습니다. 자기 혼자 움직이지도 못하고 밥도 먹지 못하고 마치 세살 먹은 아기처럼 다 옆에서 돌보아 주어야 했던 그이기에 더 신기해했습니다. 자기 혼자 움직이기 시작했습니다. 예수님도 몰랐던 그 입에 찬양이 튀어나왔습니다. 온 가족들이 다 좋아하며 마음으로 예수님을 깊이 영접했습니다. 그럴 때쯤 입에서 코처럼 보이는 가래가 질질 흘러나오기 시작했습니다. 휴지를 가지고 다니며 뽑아내었습니다. 이것이 무엇인지 아세요?

고집과 아집 그리고 몸속에 그동안 있었던 병줄기였습니다. 이것이 뽑아내지자 몸 위로 올라왔던 수제비 같은 것들이 하나 둘 사라지기 시작했습니다. 영도 맑아졌습니다. 몸이 아주 건강해졌습니다. 머리도 잘 돌아갔습니다. 말귀도 잘 알아들었습니다.

알고 보니 많이 배운 분이셨습니다. 하나님께서 새 영을 부어 주셔서 새롭게 영육 간에 강건하게 만들어 주신 것입니다. 할렐루야. 우리 교회 집사님까지 되었습니다. 지금은 권사님이 되어 있다고 합니다.

꼬리에 꼬리를 물듯 소문이 나고 또 소문이 났습니다. 이 변화된 집사님이 이 지역의 나팔수였습니다. 남편의 지위도 있는데다가 자식들도 잘되어 가고 있고 자기 자신도 굉장히 친구들도 많은 한마디로 큰손이었기 때문입니다. 이 집사님을 통하여 이 지역에 공무원 하시면서 조금 문제 있고, 건강이 좋지 않은 분들은 저희 교회로 하나 둘 몰려오기 시작했습니다. 하나님 은혜로 저희 교회를 높이시고 저희 아버지를 쓰시고 저를 통해 일하셨습니다. 놀라운 일들이 날마다 날마다 새롭게 우리 앞에 선보여졌습니다.

우리는 기쁨으로 감사함으로 하나님께 영광을 돌렸습니다. 교회가 꽉 차기 시작했습니다. 너무너무 재미있었습니다. 행복했습니다. 어머니 아버지도 살맛이 더 생기는 것 같았습니다. 주님께 늦게나마 부름 받아 쓰임 받을 수 있다는 것 자체만으로도 행복한데, 하나님께서 크게 쓰시니 더없는 감사의 제목이 될 수밖에 없었습니다.

숫자가 많아짐으로 안수시간도 날마다 길어져야만 했습니다. 저의 마음은 날마다 분주했습니다. 안수도 해야 했고, 대학도 가고 싶었습니다. 이런 마음을 알아채신 어머께서는 안타까운 마음으로 염려하셨습니다. 저도 어머니 마음을 알았기에 갈등했습니다. 이 많은 환자들을 두고 대학을 가기도 역부족이었습니다. 그래서 저는 제 자신에게 수없이 대화를 청했습니다.

"너 은혜 받기 위해 기도했잖아. 은혜 받았으니 주의 이름으로 갚아야 하잖아."

수없이 마음으로 외쳤습니다. 괴롭고 힘든 나날이었습니다. 그래도 주의 일을 안 하겠다는 마음은 추호도 없었습니다. 하나님 일을 좀 더 멋있고 깊이 있고 행복하고 폭넓게 하려면 공부도 하고 대학도 가야 할 수 있다는 마음으로 정리되고 있었습니다.

대학시험을 쳤습니다. 붙었습니다. 온전히 학교 다니는 것이 아니었기에, 부흥회 나가야 했고 환자도 봐야 했고 계속되어 가는 일들 때문에 학교를 그만두어야 했습니다. 한 해가 갔습니다. 또 다른 대학의 문을 두드렸습니다. 이번에는 '작년에 일반 대학에 갔기 때문에 하나님께서 공부할 시간을 주지 않으셨구나. 그렇다면 한의대를 가자.' 환자를 보기에는 한의대가 너무너무 좋아 보였습니다. 여러 환자를 보았기에 기도하며 안수하며 침도 놓을 수 있다는 생각에 어머니를 설득하여 한의대를 가기로 했습니다. 어머니도 제 말을 들으시고 그럴 수도 있겠다는 생각이 드신 모양입니다. 허락하셨습니다. 작년에 처음 대학시험 치를 때에 비하면 어머니께서 굉장히 호의적으로 허락해 주셨습니다.

원서를 썼습니다. 시험 보는 주간에 전주에 부흥회가 있었기에 가장 가까운 대학을 찾았습니다. 하나님의 일을 멀리할 수는 없었습니다. 저를 필요로 해서 요청하는 곳은 어디든지 가야 했습니다. 그들은 저의 사정을 잘 몰랐습니다. 아니 알 수가 없었습니다. 전주에 한의대가 있는 학교는 전주 우석대학교였습니다. 가서야 제 입장을 말씀드렸습니다. 허락해 주셨습니다. 토요일까지 부흥회를 해주기로 하고 하루를 뺐습니다. 그다음 날 다행히 오후에 면접이 있었습니다. 한 달 뒤 발표가 났습니다.

합격을 하고도 학교는 가지 못했습니다. 몰려오는 수많은 환자들이 저를 놓아주지 않았습니다. 세계에서 몰려오는 것 같았습니다. 미국에서도 왔습니다. 방글라데시에서도 왔습니다. 태국에서도 왔습니다. 네팔에서도 왔습니다. 이 지구상에 나라들이 어찌 그리 많은지 저는 감사하면서도 답답한 마음, 웃어야 하면서도 울고 싶은 마음이었습니다.

이럴 때면 저는 하나님께 미친 듯이 찬양했습니다. 하나님을 원망하고 싶은 마음도 있었습니다. 그러나 제가 하나님께 '하나님! 은혜 주세요. 저를 써 주세요. 저를 크게 써 주세요. 위대하게 써 주세요. 강하게 쓰임 받게 도와주세요. 저를 홀로 두지 마세요.' 이렇게 몸부림친 저의 행동이 있었기에 이 결과에 감사해야만 했습니다. 찬양했습니다.

"내 주여 뜻대로 행하시옵소서. 온 몸과 영혼을 다 주께 드리니 이 세상 고락 간 주 인도하시고 날 주관하셔서 뜻대로 하소서…. 내 주여 뜻대로 행하시옵소서. 내 모든 일들을 다 주께 맡기고 저

천성 향하여 고요히 가리니 살든지 죽든지 뜻대로 하소서."

마음을 비웠습니다. 미친 듯이 미친 듯이 기도했습니다. 자아를 죽였습니다. 대학을 포기했습니다. 세월이 흘렀습니다. 감사가 나왔습니다. 또 찬양했습니다.

"내 주 하나님 넓고 큰 은혜는…."

하나님 은혜가 너무너무 크고 감사했습니다. 원망하지 않았습니다. 왜냐고요? 저를 위대하게 사랑하시며 써 주신 하나님을 날마다 체험하고 살 수 있게 하셨기 때문입니다.

또 가을이 오는 것입니다. 제 마음에는 포기되었다고 생각했던 학교 문제가 여전히 남아 있었습니다.

'이번에는 신학대를 가 볼까?'

남들은 한 번만 하면 되는 고민을 저는 3년에 걸쳐서 해야만 했습니다. 부모님 모르게 원서를 썼습니다.

'제일 가까운 신학대가 어딜까?'

가까운! 가까운 곳이 중요했습니다. 부산에 있는 고신대학교가 가장 가까웠습니다. 남몰래 시험을 준비하면서도 안수와 집회 인도는 계속해야만 했습니다. 틈틈이 공부했습니다. 새벽기도 때 기도할 수밖에 없었습니다. 남몰래 공부할 시간이 밤밖에 되지 않기 때문입니다. 틈틈이 철야기도도 했었는데, 공부 시간으로 바꾸어야만 했습니다. 하나님께는 죄송한 마음도 잠시는 들었지만 호소했습니다.

'아버지! 제가 부흥회를 나가 보니까 신학 가야 되겠어요. 사람

들이 따져요. 학벌 따져요.'

저는 조용히 하나님께 저의 마음을 보여 드려야만 했습니다. 부흥회 가듯이 시험을 치러 갔습니다. 시험을 조용히 치고 왔습니다. 당연히 부흥회 갔다 온 주와 같았습니다. 아무도 몰랐으니까요.

보리밥 청년과의 만남

여느 때처럼 안수를 하고 있었습니다. 안수가 끝날 무렵 어머니께서 저에게 조심스레 한마디 건네는 말씀.

"꼭 가야 할 데가 있는데…."

"어디요?"

"참 아까운 아이 하나가 다 죽어 가고 있다는데 너를 만나기를 소망하고 있단다."

저의 어머니가 마치 팥쥐 엄마와 같이 느껴졌습니다.

"엄마, 나 환자 그만 보고 싶은데, 대학 가서 공부해야 되는데, 시간이 너무 없어. 나 원서 썼단 말이야, 시험 보고 왔단 말이야."

하는 중얼거림이 입에서 튀어나와 버렸습니다. 어머니께서 들으셨는지 못 들으셨는지 "대학시험은 이미 다 친 상태잖아." 하셨습니다. 그해 대학시험은 이미 끝난 상태였습니다. 당시는 시험 점수로 전기·후기를 지원하는 입시 제도였습니다. 저는 말씀드렸습니다.

"엄마, 제가 치고 싶은 곳은 후기예요."

백부장 같은 믿음을 소유한 어머니께서는 "받은 은혜 갚아야지."라고 말씀하셨습니다. 그 한마디 말씀에 그 환자에게 가지 않을 수 없었습니다.

점차 딸의 위치와 능력과 하나님께서 쓰시는 강도를 알아 가셨기에 어머니는 대학을 포기하라고 권유하셨습니다. 이제까지 공부 안 하고도 하나님께서 크게 위대하게 쓰셨는데 새삼스레 무슨 공부를 하느냐, 이렇게 환자들이 많이 몰려오는데 시간이 없지 않느냐, 라고 어머니는 누누이 말씀하셨습니다.

"이게 하나님 뜻이 아니고 뭐니?"

애써 받은 은혜를, 지금 쓰고 있는 그 능력을 공부에다가 다 쏟아 버릴까 봐 어머니는 염려가 되셨던 모양입니다. 제 자신도 그 말을 듣고 있으면 잠깐 동안은 그런 생각이 들었습니다. 그러나 깊이 생각하면 할수록, 해야만 한다는 확고한 생각에 사로잡혔습니다.

그러했기에 어머니는 자꾸자꾸 더 많은 환자들을 붙였습니다. 어찌 받은 은혠데, 어찌 받은 능력인데, 마치 제가 기도원 산에서 몇 날 며칠 기도할 때 옆에 있었던 모양으로 저보다 사정과 형편을 더 많이 아는 것같이 저를 졸랐습니다. 어찌 받은 은혠데, 어찌 받은 능력인데.

맞기는 맞습니다. 어머니 말씀이 다 맞았습니다. 그래서 군소리 없이 어머니 말씀을 따랐습니다. 가야 했습니다. 저희 교회 집사님께서 동행하셨습니다. 이 집사님의 부인 되시는 집사님이 약 2년 전에 저희 교회에 처음 오셔서 안수 받으시고 나으셨기 때문에 확신에 차있었습니다. 그러했기에 저희들을 자신 있게 인도할 수 있었을 것입니다. 갔습니다. 시장터 한가운데에 있는 집이었습니다. 여기가 어떤 집이냐고 여쭈어 보았더니 이곳 함양에서는 굉장한 집이라고 소개해 주었습니다. 저는 아무 말 하지 않은 채 따라만 갔습니다.

집사님께서 저에게 조심스레 "이 집 아들만 살리면 이 집 다 예수 믿는대요. 교회 나간 지 2주 되었대요."라고 말을 건넸습니다.

'아니 그럼 다른 교회 나간단 말이야?'

저의 귀에는 그 말 한마디가 쏙 들어왔습니다.

"그쪽 교회 목사님 계시잖아요. 우리 다시 돌아갑시다. 엄마! 양도둑 되면 안 되잖아."

어머니께서는 저에게 "예수님을 확실히 만나게 해 주는 게 너의 사명이잖아. 누가 우리 교회 오래?" 하셨습니다. 옆에 있는 집사님께서도 "이 가정은 병 나으려고 살려고 예수님을 믿으려고 해요. 아직 그 교회에는 등록도 하지 않았대요." 하며 맞장구쳤습니다. 그 교회는 그 지역에서 가장 큰 교회였습니다. 어쨌든 다 도착해 버렸습니다. 소문과는 달리 제가 보기에는 굉장한 집이 아니었습니다. 어머니께 살며시 "엄마 이 집 굉장한 집 아니야."라고 말씀드리니 어머니께서는 저를 툭 치셨습니다. 입 다물라는 얘기였습니다. 저는 갑자기 장난기가 발동했습니다. 다 죽어 가는 사람 앞에 두고 말입니다. 저는 입을 벌렸습니다.

"이 집 굉장한 집 맞습니까?"

갑자기 어머니께서 저를 꼬집었습니다. 저는 말했습니다.

"세상에는 이 집보다 훨씬 잘나가는 집 많습니다."

아버지와 아픈 아들, 둘만 방에 있었습니다. 생각했던 것보다 그 아버지는 겸손하셨습니다. 소문과는 달랐습니다. 외고집 오고집, 소문이 이렇게 나 있었는데, 제가 접한 그분은 아주 부드러웠습니다. 진실하였습니다. 자식을 위해서라면 지푸라기라도 잡고 싶어하는, 무슨 짓이든 자식만 낫는다면 할 수 있다는 마음을 가지고 있는 훌륭한 아버지셨습니다. 제 입에서 튀어나오는 "당신 아들은 살 수 있겠습니다. 다만 예수님 잘 믿으셔야 되겠습니다."란 한마디에 시키는 대로 하겠다고 말씀하셨습니다.

"이 집에 딸도 하나 죽었네요. 진작 예수 믿으셔야 되는 가정이었는데."

그의 아버지께서는 말씀하셨습니다.

"맞습니다."

저는 연이어 말했습니다.

"예수 믿는 사람 많이 핍박했네요."

그의 눈에는 눈물이 핑 돌았습니다. 성령님께서 일하시고 계셨습니다. 그때 겁 없이 던진 축복의 말씀을 저는 똑똑히 기억합니다.

"당신 아들 둘 모두 주의 종이 된다면, 시킬 수 있겠습니까?"

"낫기만 한다면 제 생명도 드리겠습니다."

그 말과 동시에 바깥에서 일하시던 그의 어머니와 또 한 명의 아들이 들어왔습니다. 어머니께서 들어오자마자 입을 떼셨습니다.

"우리 아들만 낫게 해 주시면 시키는 대로 원하는 대로 다 하겠습니다."

저는 애틋한 부모 사랑을 확인할 수 있었습니다. 환자를 봐야만 했습니다. 가까이 갔습니다. 저의 어머니께서는 이제까지 저희 교회에 찾아오는 환자들 모두에게 '된다'고 말씀하셨지 '안 된다'고 말씀하신 적이 없었습니다. 저는 그렇지 않았습니다. 안 되면 '안 된다'고 말씀드렸습니다. 환자를 보는 순간 제 입에서 튀어나온 말은 "예수 잘 믿으면 낫겠네요."였습니다. 그의 부모님 눈에서 눈물이 흘러내렸습니다.

한편 저의 어머니는 안절부절못했습니다. 도저히 나을 수 없을 만큼 중환자처럼 보였던 모양입니다. 다리도 펴지 못하고 오그라든 채 목과 척추와 날갯죽지, 팔까지 모두 굳어져 가는 강직성척추염이라는 무서운 병이었기 때문입니다. 강직성척추염은 온몸이 굳어지며 숨 쉬는 기능까지 마비되어 죽는 무서운 병입니다. 이 병은 급성이 있고, 만성이 있습니다. 이 환자는 급격히 진행되는 급성 중에서도 빠른 급성이었습니다. 하루가 멀다 하고 퍽퍽 굳어 가는 무서운 질병이었습니다. 모든 장기가 굳어 가는 척추에 묻혀 갑갑함을 느끼고 움직이지 못함을 호소하며 신체 기능이 거의 떨어지는 병입니다. 안수를 하는 순간 굳었던 다리가 푹 내려왔습니다. 저는 말씀드렸습니다.

"하룻밤 자 보고 생각이 있고 마음에 믿음이 생기게 되면 연락 주시고 저희 교회 오세요. 안수해 드리겠습니다."

저는 어머니와 함께 집으로 돌아와야만 했습니다. 여느 때와 같이 다른 환자들을 봐 가며 쉴 틈 없이 지냈습니다. 그다음 날이 크리스마스 전야 예배를 준비하는 날이었습니다. 연락이 왔습니다.

"많이 좋아졌습니다. 하루만 더 와 주세요."

저는 마음속으로 살짝 짜증이 났습니다.

"다른 환자는 다 자기들이 오는데 왜 그쪽에서 또 오래?"

저는 어머니께 짜증을 냈습니다. 괜히 엄마가 버릇을 그렇게 들여 가지고 제가 가게 되었다고 말입니다.

"일일이 다 찾아다니며 안수하면 나보고 죽으라고?"

어머니는 저를 또 비꼬았습니다. 비꼬다가 달래다가 찬양을 하기 시작했습니다.

"부름 받아 나선 이 몸 어디든지 가오리다…"

제가 찬송이 듣기 싫었던 것은 이때가 처음이었습니다. 찬양은 언제 들어도 좋았는데, 이때는 진짜 싫었습니다. 엄마도 싫었습니다. 짜증이 났습니다.

밖에 갑자기 택시가 왔습니다. 웬 택시? 저를 데리러 온 것이었습니다. 꼼짝없이 가야만 했습니다. 어머니를 원망하며 택시를 타고 시장 안으로 들어갔습니다. 어제 다녀온 그 집 앞이었습니다. 내렸습니다. 입구에 보리밥이 있었습니다. 된장도 있었습니다. 저는 환자보다 보리밥에 눈이 갔습니다. 그러나 환자에게 가야 했습니다.

'아! 저 보리밥 먹고 싶다.'

그러고 보니 점심때가 다 되어 가고 있었습니다. 눈에 아롱거리는 보리밥을 뒤로하고 환자를 만났습니다.

'어제보다 잘생겼네.'

환자는 처음 볼 때보다 인상도 좋았고 깔끔하고 얼굴에 웃음도 있었습니다. 어제에 비하면 양반이 된 것입니다. 첫날은 옷도 하얀 내복 차림에 뼈와 가죽밖에 붙어 있지 않은 에티오피아 노인이었지요. 연상되십니까? 이에 비해 둘째 날은 목티도 입고 있었고, 밑에는 하얀 추리닝에 얼굴만 보지 않으면 그럭저럭 봐 줄 만했습니다. 얼굴은 완전 해골바가지였으니까요. 눈만 퀭하게 붙은 살아 있는 해골바가지. 상상되시죠? 제가 그때 상황을 상세하게 설명하는 이유가 있습니다. 더 리얼하게 환자를 여러분에게 설명하지 못하는 이유도 있습니다. 그 이유는 점차 알게 되실 겁니다. 하나님은 우리의 만남을 계획하시고 지금도 뜻을 이루고 계심을 독자 여러분들도 이 책을 통해서 느끼시기를 소망합니다.

안수를 마치자마자 그의 아버지께서는 마치 제 마음을 보신 양 무언가를 들고 오셨습니다. 뭔지 아시겠죠? 입구에서 저를 반갑게 맞아 줬던 보리밥! 그의 어머니는 보리밥을 팔면서 열심히 사시는 분이셨습니다. 그래서 그런지 그 보리밥은 유달리 맛있었습니다. 그 이후로 저는 그 집에 들르는 것을 너무너무 좋아하게 되었습니다. 처음에는 보리밥 때문이었죠. 웬수의 보리밥!

여러분들, 하나님께서 원수를 내 몸과 같이 사랑하라 하셨지 웬수를 사랑하라는 말씀은 하지 않으셨거든요. 그래서 지금도 저는 그것을 보고 웬수의 보리밥이라고 외칩니다. 왜 그럴까요? 저를 그 집으로 자꾸 잡아당긴 것은 환자도 아니고 그의 부모님도 아니고 보리밥이었기 때문이죠. 여러분! 보리밥 맛있잖아요. 그렇다고 제가 먹을 것을 아주 좋아하지는 않습니다. 안 먹어서 부모님 애를 태우는 딸입니다. 이만하면 이해가 되시겠습니까? 보리밥 참 맛있었습니다.

12월 24일 이브 날이 되었습니다. 그날은 주일이었습니다. 예배를 드리려고 준비하는 시간이었습니다. 웬일입니까? 인간이 보기에는 기적 같은 일이었습니다. 기적이 밥 먹듯이 일어나는 저희 교회였지만 다들 눈이 커질 수밖에 없었습니다. 멀리 문 쪽에서 보이는 한 청년과 그의 아버지, 따라 들어오는 그의 어머니. 누군지 짐작되시죠? 아버지 등에 업혀 들어오는 왜소한 몸차림의 보리밥 그 청년.

병든 그 청년이 교회 입구를 들어오는 순간, 온 교회가 난리가 난 것 같았습니다. 교인들이 자리를 마련해 주었습니다. 반갑게 맞아주었습니다. 청년도 의자에 비스듬히 앉았습니다. 저의 마음은 조금 근심이 되었습니다. 너무너무 통증과 증상이 심했기 때문입니다. 예배를 마치고 안수를 해야만 했습니다. 그날 주일이 크리스마스이브 날이었기 때문에 더 바빴습니다. 아무리 바빠도 피해 갈 수 없는 시간이 안수시간이었습니다. 왜냐고요? 저희 교회 성도들은 90퍼센트 이상이 환자였기 때문입니다. 그것도 그냥 환자가 아닌 중환자, 병원에 가도 중환자실에서조차 받아 주지 않는 말기 환자. 이만하면 분위기가 상상이 되시죠? 그 중에서도 이 청년이 으뜸이었습니다.

안수시간이 시작되었습니다. 여느 때와 같이 환자들은 보호자와 더불어 안수 받기를 원했습니다. 받으면 받을수록 좋아짐을 느꼈습니다. 마치 빈 물통에 수돗물을 틀어 놓으면 차올라 가는 물의 양이 보이듯 자신들의 몸에도 건강이 채워짐을 느낄 수 있었고, 눈으로 볼 수 있었기 때문입니다. 하나님의 능력은 위대했습니다. 저를 통해 일하시는 하나님은 굉장했습니다. 이 청년이 안수 받을 차례였습니다. 손을 얹고 안수했습니다. 다리를 어루만졌습니다. 웬일입니까? 아버지 등에 업혀 들어와야만 했던 그의 건강이 회복으로 채워짐을 느꼈습니다. 굳어만 가던 온몸이 펴지는 것 같았습니다. 다리가 쭉 펴졌습니다. 일어났습니다. 걸었습니다. 온 교회는 함성으로 하나님께 영광을 올렸습니다. 그의 아버지와 어머니 눈에서는 눈물이 주르르 흘러내렸습니다.

퍼진 다리로 한 발 한 발 조심스레 내딛었던 그 이후로 그는 신앙생활 잘하는 청년으로, 그 가정은 하나님을 구주로 섬기는 복된 가정으로 자리 잡았습니다.

이 가정이 왜 이 지역에서 유명한지 설명드려야겠죠? 시골에서 대학 가기는 굉장히 어려운 일입니다. 그것도 형제가 나란히 서울대학교 가기는 더 어렵습니다. 하늘에서 별을 따는 게 더 쉽겠다 할 정도로 공부할 환경과 여건과 뒷받침해 줄 물질이 없기 때문입니다. 그러나 이 집은 형제가 나란히, 우리나라에서 최고의 학교로 모든 학부형과 학생들이 바라고 소망하고 공부하는 서울대학교, 그 대학에 입학했다는 것입니다. 소문난 수재의 집이었습니다. 모르는 사람들이 없었습니다. 형제간에 우애도 깊었습니다. 기대도 높았습니다. 큰아들은 서울대 졸업시켜 서울대 교수 만들고, 둘째아들은 서울대 졸업시켜 법관 만들고, 와! 이렇게만 되면 성공한 케이스죠. 그러나 하나님 모르는 가정으로 영원히 지옥 갈 수밖에 없는 가정이었겠죠? 이런 가정이었기에 온 읍내 사람들이 주목하고 저 집의 아들이 나으면 예수 믿겠다는 사람들이 많아졌습니다. 꼭 나아야 했겠죠?

하나님의 능력은 계속되었습니다. 나아져 갔습니다. 믿음이 점점 더해져 갔습니다. 우리 교회에서 없어서는 안 되는 가정으로 자리잡게 되었습니다. 볼품없는 모습으로 하나님께 나아갔지만 우리 교회에서는 중요한 일들에 빠짐없이 참석하는 사람으로 자리 잡았습니다. 세월이 가면서 청년회 회장으로, 주일학교 선생님으로, 여러 가지 일들로 분주해져만 갔습니다.

연세가 있으신 아버지의 목회였기에 도와주는 청년이 있음으로 훨씬 생동감이 넘쳤습니다. 저희 아버지의 사랑과 어머니의 사랑을 교회에서 독차지해 버렸습니다. 교회일 하고 사택에서 밥 먹고, 사택에서 밥 먹고 철야하고 집에 잠시 들렀다가 또 와 있고, 성경 보고 기타 치며 찬양하고 또 밥 먹고, 건강이 날로 날로 회복되었습니다. 다른 청년들도 제법 모였습니다. 교회가 점점 활기차져 갔습니다. 아름다워져 갔습니다. 청년들이 많아졌습니다. 학생회를 운영해야 했습니다. 비록 건강은 완벽하지 않았지만 어디에서나 일 처리는 완벽한 신실한 청년, 믿음 있는 청년으로 자리 잡고 있었습니다.

이러는 동안에 저는 학교를 가야 했습니다. 합격 통지서가 왔습니다. 고신대학교 말입니다. 짧은 시간 짧은 나날 동안 너무 많은 일이 이루어지고 있었던 저희 교회. 이제 제가 조금 빠져도 될 것 같았습니다. 아버지, 어머니께 말씀드렸습니다. 반대했습니다. 그러나 공부에 열의가 있었고 서울대학교에 아들을 둘씩이나 보내셨던 청년의 아버지가 저를 적극적으로 학교 가야 한다고 밀어 주셨습니다. 어머니께서 말씀하셨습니다.

"우리 딸이 학교 가면 당신 아들 죽습니다. 그거 아세요? 안수 매일 안 받으면 죽는단 말입니다."

이 당시, 많이 심한 환자는 제가 있을 때 거의 매일 안수를 받아야 했습니다. 당신께서 믿음이 확고히 든 상태였는지 모르지만 저에게 강압적으로 밀어붙이라고 말씀하셨습니다. 학교 가야한다고 말입니다. 저는 너무 고마웠습니다. 우리 어머니가 강 씬데, 오 씨 고집을 꺾을 수가 없었습니다. 그분의 성이 오 씨였습니다. 강고집보다 오고집이 더 세다는 사실을 그때 알았습니다. 아무튼 저에게는 수호천사 같은 분이셨습니다.

학교에 입학했습니다. 수업을 정상적으로는 하지 못했습니다. 부흥회에 다녀야 했기 때문입니다. 또 집에도 1주일에 한 번씩 필히 가야 했습니다. 왜냐하면 매일 치료받던, 두고 온 급한 환자들이 저만 기다리고 주님의 능력을 사모하며 있었기 때문입니다. 더욱 분주해졌습니다. 강의도 들어야 되고 부흥회도 가야 되고 본교회에 가서 안수도 해야 되고… 그래도 기뻤습니다. 캠퍼스를 거닐 수 있다는 것, 그 사실 자체만으로도 감사한 조건이었습니다.

그런데 이상한 일이 벌어졌습니다. 다른 환자들은 1주일에 한 번씩만 안수 받으면 되었는데, 문제 환자가 한 명 있었습니다. 누구일까요? 대충 아시겠죠? 보리밥 하면 아시겠습니까? 공부를 하고 수업을 듣고 1주일에 한 번 내려가 보면 얼굴이 더 좋지 않아 보였습니다. 그 청년 말입니다. 제가 이 청년을 어떻게 불렀는지 아세요? 한번 같이 웃어 볼까요?

그 당시 저는 신학을 공부하지 않은 상태였지만 많은 목사님들의 권유에 의해 전도사로 임명받은 상황이었고, 저희 교회에선 저를 전도사님이라 부르고 있었습니다. 그 호칭 때문에 제가 더 신학을 가게 되었는지 모릅니다. 이제 당당한 전도사였으니까요.

하루는 그 청년이 저에게 "네가 나보다 나이가 두 살 어리니까 너 동생 해. 나 오빠 할게."라고 말하지 않겠습니까. 저는 기가 차서 웃었습니다. 이 웃음을 허락한 걸로 생각한 청년은 그때부터 저를 이름으로 부르기 시작했습니다. 그리하여 제가 부르는 호칭도 '오빠'가 되어 버렸습니다. 뭔가 스릴 있지 않으세요? 안수 두 번 받고 오빠와 동생이라니.

세상 사람들이 모두 저한테 안수 받으려고 강사님, 강사님, 전도사님, 전도사님 불러 대는데, 이 이름에 익숙해져 있던 저에게 '오빠, 동생'은 생소한 호칭으로 들렸습니다. 저의 이름을 부르는 가장 문제 환자, 그 이름도 유명한 '오빠'. 대단한 이름이죠? 여러분, 오빠가 아빠가 된다는 이야기를 종종 들어 보셨을 것입니다. 잠시 뒤에 그런 내용도 이 글을 통해 접할 수 있을지 모릅니다. 기대해 보세요.

대학을 포기하고

계속 왔다 갔다 하며 공부를 해야만 했던 저에게는 시험도 참 어려운 숙제였습니다. 공부할 시간이 별로 없었기 때문입니다. 점점 더해만 가는 환자의 숫자 참 괴로웠습니다. 주님 일 하는 데 괴로움은 없었지만 공부하는 것이 참 괴로웠습니다. 해야만 했습니다. 그러던 어느 날 학교에 급한 전화가 왔습니다. 집이었습니다. 이 오빠라는 청년이 다시 다 죽어 간다는 청천벽력 같은 연락이었습니다. 저는 시험공부를 뒤로한 채 가야만 했습니다. 제가 부산으로 내려온 지 몇 시간이 안 된 월요일 오후였습니다. 저하고 헤어진 지 몇 시간 만에 벌어진 일입니다. 시골로 올라가 보았습니다. 다 죽어 가고 있었습니다. 안수했습니다. 부둥켜안았습니다. 다시 회복되기 시작했습니다. 그때부터 저에게는 또다시 거센 파도처럼 몰려오는 것이 있었습니다.

"학교 포기해."

어머니의 날카로운 말씀.

"제 아들 살려 주세요. 학교 가지 말아 주세요."

그리도 공부해야 된다고 저를 등 떠밀듯 도와주신 그의 아버지가 저에게 호소했습니다.

"전도사님 없으면 안 돼요. 하나님께서 전도사님 통해서 제 아들 살려 주셨으니 학교 그만둬 주세요."

애원했습니다. 그의 어머니도 매달렸습니다. 저에게는 너무너무 괴로운 현실이었습니다. 공부도 해야만 했고, 환자도 배척할 수는 없었습니다. 돌봐야만 했습니다. 하나님께서 제게 찾아와 주셨습니다. 말씀해 주셨습니다.

"약한 자를 들어서 강한 자를 부끄럽게 하시는 하나님, 미련한 자를 들어서 지혜로운 자를 부끄럽게 하시는 하나님…."

저의 두 뺨에는 눈물이 강물처럼 흘러내렸습니다. 학교를 포기해야만 했습니다. 포기하러 학교에 갔다가 다시 시험을 치고 와 버렸습니다. 그 이후로는 방학이라 가지 않아도 되었습니다. 학점이 날라 왔습니다. 상상외로 좋았습니다.

'아! 이거 하나님 뜻 아닐까?'

그 학점을 놓고 많은 생각에 사로잡혔습니다. 그러다가 방학이 끝났습니다. 학교를 가지 못했습니다. 친구들이 수강신청을 대신해 주었다고 연락이 불 일 듯이 왔습니다. 저에게는 괴로움으로 다가왔습니다. 잊으려고 열심히 기도했습니다. 찬양했습니다.

"나 어느 곳에 있든지 늘 맘이 편하다. 주 예수 주신 평안함 늘 충만하도다. 나의 맘속이 늘 평안해. 나의 맘속이 늘 평안해. 악한 죄 파도가 많으나 맘이 늘 평안해… 평화 평화로다. 하늘 위에서 내려오네. 그 사랑의 물결이 영원토록 내 영혼을 덮으소서."

하나님께 기도했습니다. 마치 처음에 은혜 받은 바위 위에 혼자 앉아 있는 것처럼 느껴졌습니다. 나를 다스릴 수 있었습니다.

다시 마음을 먹고 계속 요청되어 들어오는 부흥회를 다녔습니다. 환자를 보았습니다. 환자들은 각 나라에서까지도 소문을 듣고 왔습니다. 저희 교회 옆에는 빈 방이 없었습니다. 다들 진 치고 방 얻어서 거주하고 있었기 때문입니다.

이 청년도 점점 나아졌습니다. 몇 번의 고비를 거쳤습니다. 신학 갈 마음을 먹었습니다. 이 가정도 이제 예수님 없으면 살 수 없는 가정으로 믿음이 꽉 찬 보기 좋은 가정으로 자리 잡아 버렸습니다. 두 분 다 집사님도 되었습니다. 그의 동생도 열심히 최선을 다해서 하나님 사랑하며 섬기는 아들로 굳어져 가고 있었습니다. 대학교를 휴학하고 방위로 군복무하고 있었던 터라 저희 교회에 매일 올 수가 있었습니다. 믿음이 날로 날로 더해만 갔습니다. 저의 마음에 '아버지 저 아들도 주의 일 하면 잘하겠는데요. 아버지 쓰실래요.'라는 생각을 했습니다. 어느 날 저는 조심스레 아버지 집사님께 말씀을 드려 보았습니다.

"집사님, 저 처음 만났을 때 기억하시죠? 두 아들 다 하나님 일 하게 하시면 하겠다고 말씀하신 것 기억하시죠?"

그때 대답.

"그래야죠. 그런데 하나님께서 내 기도를 들으시고 큰아들은 주의 종으로, 작은아들은 세상적으로 공무원 했으면 좋겠습니다. 그래야 형님 돕죠."

말씀이 좀 달라지고 있었습니다. 그래도 제 속에는 '하나님이 하시면 어쩔 수 없습니다. 일찍 포기하시죠. 제가 볼 때는 둘 다 쓰시면 훌륭한 목회자 되시겠습니다.'라는 생각이 있었습니다. 저는 안수기도 할 때면 두 아들의 머리 위에 손을 얹을 때마다 '아버지 아시죠, 주의 종 주의 종.'이라고 기도했습니다. 하나님은 언제까지나 제 기도에 응답하실 것을 믿고 저는 의심치 않고 늘 간구합니다.

다 나으면 가야겠다고 한 신학의 문이 열렸습니다. 완전히 치료받지 못한 상태에서 신학을 가야만 하게끔 환경이 바뀌었습니다. 신학 갈 무렵 동생도 제대를 하고 복학을 한 상태였습니다. 서울신학대학교 신학대학원을 가게 된 이 청년은 매주 본교회에 거리가 멀었지만 내려와야 했습니다. 공부도 중요했지만 온전치 못한 건강이었기에 안수를 매주 한 번씩 받아야만 회복되었습니다. 내려오면 여느 때와 같이 봉사했습니다. 저희 교회에서 전도사로 임명이 되었습니다. 이제 아버지는 목사 안수를 받은 상태였기 때문에 전도사로서는 저와 그 청년, 오창균 전도사, 홍예숙 전도사 두 사람이 있었습니다. 저는 마음이 한결 가벼웠습니다. 청년 때에 봉사하는 것과 전도사로서 일하는 것과는 판이하게 달랐습니다. 저의 할 일이 한없이 줄었습니다. 오빠의 마음으로 안수 받고 저를 많이 도왔습니다.

세월이 흘러 A급 전도사로 자리 잡고 있었습니다. 학벌이 좋은데다 믿음도 확실하고 견고하게 세워져 있었고, 신학이라는 학문이 머릿속에 들어가다 보니 그의 믿음은 완벽할 정도로 굳건해지고 있었습니다. 제가 하기에는 역부족인 전도사의 일들을 아버지를 도와서 척척 잘도 했습니다. 저는 부흥회를 다녀야 했습니다. 마음에 여유가 있었기에 개척도 몇 군데 했습니다. 알고 있는 전도사님들을 개척한 교회에 붙여 주고 있었습니다.

이런 저에게 특별히 관심을 보여 온 청년이 있었습니다. 누구인지 아시겠죠? 저도 오빠 동생으로 불렸기 때문에 마음이 다른 환자에 비해서 가벼웠고 편했습니다. 어느 날 문득 생각이 났습니다. 그로 인해서 제가 신학 포기해야만 했을 때 그의 아버지 어머니 집사님께서 저에게 조심스레 건네던 말이었습니다.

"우리 아들은 전도사님 없으면 죽어요. 평생을 책임져 주세요."

그때는 그 말이 급한 마음에 생각할 여지없이 넘어가는 말이었습니다. 너무나 중한 환자였기 때문에 다른 생각은 할 겨를이 없었기 때문입니다. 그런 그가 점점 저에게 다가오고 있다는 느낌이 조금 부담스러웠습니다. 조금은 피해 보았습니다. 피하면 피할수록 더 다가와 있는 그의 모습에 당황함까지 느껴질 정도였습니다. 점점 건강해져 가는 전도사님, 서울대학교 졸업한 인재인 만큼 말재주도 좋았습니다. 믿음도 누구보다 빨리 성장했습니다. 말씀도 많이 알았습니다.

이런 아들을 보고 그의 부모님들은 기뻐하며 흡족해하며 점점 아들주의로 되어 가고 있었습니다. 아프지 않을 때와 같은 생각으로 변해 갔던 것입니다. 어떤 생각인지 아시죠? 우리 아들이 세상에서 제일 잘났다는 생각, 누구보다 완벽하게 성공할 수 있다는 생각, 믿음으로 몸부림치며 부르짖어야 할 이 중요한 시기에 인간적인 욕심이 더 앞서 가고 있었습니다. 그러한 생각을 품어 가고 있는 부모님의 눈에는 오히려 제가 마치 불치병의 소유자인 것처럼 보였고, 당신의 아들이 저의 건강을 위해 그 멀리 서울에서 힘들게 오르락내리락하며 봉사하고 있다고 생각하기에 이르렀습니다.

토요일날 아들이 내려옵니다. 교회에서는 전도사의 할 일이 많이 남아 있습니다. 평일에는 제가 맡아 아버지 사역을 도왔지만 토요일, 주일은 전도사들이 할 일이 각각 분리되어 있었습니다. 그러했기에 다들 분주했습니다. 주일 보고 월요일날 또 올라갔습니다. 반복되는 시간들 속에 두 집사님의 마음에 근심이 쌓여 온 것 같았습니다. 아들을 전도사로서 서울에 있는 큰 교회에 보내고 싶은 마음이 간절했는데, 그때까지도 온전한 건강이 아니었기 때문에 안수를 받아야만 했습니다. 두 집사님은 아들 전도사님에게 올 때마다 그때부터 주입을 시켰습니다. 저와 더 이상 가깝게 지내지 못하게 한것이었습니다. 그럴수록 이 아들 전도사님의 마음에는 더 뜨거움이 몰려왔던 모양입니다.

세월이 많이 흘렀습니다. 온전히 건강이 회복되지는 않았습니다. 하나님의 일 할 정도였습니다. 피곤도 많이 느꼈습니다. 저와 접하지 않으면 회복되지 못할 건강임을 본인 전도사님은 더욱 느끼는 순간순간들이었습니다.

나의 결혼 이야기

교회에 난리가 났습니다. 오 전도사님 댁에서 가족끼리 대화가 있었던 모양입니다. 무슨 대화의 내용인지 여러분 아시겠습니까? 저와 결혼하겠다는 단호한 결단, 어린 아들의 말 한마디에 온 집이 발칵 뒤집어졌고 이 파문으로 교회까지 다 뒤집어져 버렸습니다. 본교회 집사님 부부가 예배를 마친 후 반대한다는 의사를 뜻밖의 행동으로 조금은 거칠게 밝힌 것입니다. 아무것도 생각지도 못하고 갑작스레 일어난 일이기에 담임 목사님인 저의 아버지와 어머니와 전 교인들은 놀랄 수밖에 없는 큰 사건이었습니다. 그때 당시의 모습으로는 저의 모습이, 형편이, 위치가 오 전도사님의 모든 면보다 월등히 좋았으니까요. 기가 차는 일이었습니다.

이유인즉 당신의 아들은 이제 나아가는, 다 나을 수 있는 정상인이고, 담임 목사님의 딸이었던, 자기 아들을 고치며 안수하고 있던 저는 평생 나을 수 없는 몸을 지닌 사람이었기 때문입니다. 전 교인들이 놀라며 웃었습니다. 심지어 집사님들의 친척들까지도 할아버지 참 이상하다 하며 저의 편으로 돌아섰습니다. 기가 막힌 일이었습니다. 한창 사역을 하고 있는 아들 전도사를 끌고 가듯 데리고 갔습니다. 지금에 와서는 부모의 심정으로 볼 때, 이해가 되는 부분도 있지만 그때의 심정으로는 이해할 수가 없었습니다.

며칠이 지나도 오 전도사님은 나타나지 않았습니다. 부모님들과 같이 집으로 간 뒤로는 모습도 보이지 않았고, 소식도 없었고, 학교 간 흔적도 없었습니다. 황당한 채, 궁금한 채 그대로 지내야만 했습니다. 사람들은 날이 갈수록 더 궁금해했습니다. 더 말도 많았습니다. 제 앞이어서 그랬는지, 비교할 수도 없는 사람인데 자기들이 먼저 비교하는 웃기는 일이 벌어지고 있다며 저에게 말을 건네곤 했습니다.

이유야 어찌 되었든 저는 참 괴로웠습니다. 물에 빠진 사람 건져 주었더니 내 보따리 내놓으라는 옛 속담이 하나도 틀린 바가 없다고 느껴졌습니다. 기가 막혔습니다. 찬양했습니다. 기도했습니다. 말씀 보았습니다. 말씀이 육신이 되어 저의 속에 거하시니 저는 견딜 수 있었습니다. 배신감이 느껴졌습니다. 그렇게도 저에게 잘해 주었던 집사님 내외분이었기에 더 황당했습니다.

저에게 전화가 왔습니다. 시장 안의 집이었기에 저의 어머니가 시장 오신 모습을 보았나 봅니다. 그 시간에 저의 집에 전화를 거신 것입니다. 오 전도사님의 어머니 집사님이셨습니다. 당신 아들 장기 금식하고 있다며 저에게 옆에서 순진한 당신 아들 꼬이지 말고 좀 놔주라는 것이었습니다. 둘 관계에 아무 말도 없었던, 그냥 안수 받고 안수해 주고 같이 전도사 생활하는 둘이 조금은 잘 통했기에 사이좋게 지내 왔던 관계였을 뿐인데 황당했습니다. 딱 텔레비전에서나 볼 수 있는 사건이었습니다. 저는 정말 사람이 싫었습니다. 환경에 따라서 이리 변하고 저리 변하는 인간들이 싫었습니다.

저희 집에서는 다른 말이 저를 괴롭혔습니다.

"우리 딸이 어때서? 오 전도사 한 트럭 갖다 줘도 안 바꾼다."

저의 마음은 편치 않았습니다. 하나님께 다시 기도해야만 했습니다. 전 교인들이 저만 보이면 한마디씩 말을 건넸습니다. 위로의 말부터 시작해서 '언제 그렇게 가까워졌니.' '자식 이기는 부모 없다.' '네가 백배 낫지.' 저에게는 한마디도 위로가 되지 않았습니다. 갑자기 이상한 관계로 변해 버린, 마치 죄를 짓다 들켜 버린 사람처럼 사람들은 쑥덕이기 시작했습니다.

저는 다시 혼자 된 기분으로 하나님께 위로받고 싶었습니다. 위로가 되지 않았습니다. 하나님을 다시 불렀습니다. 하나님께서 응답하셔도 제 귀에 들리지 않았습니다. 그러는 상황에도 환자들은 여전히 몰려왔습니다. 안수를 해야만 했습니다. 기도원에 가고 싶었습니다. 가지 못했습니다. 오 전도사님의 일하는 자리까지도 제가 채워야 되었기 때문입니다. 그래야 교회의 모든 시스템이 정상으로 돌아갔기 때문입니다. 부흥회는 접어야만 했습니다. 교회의 일이 차고 넘쳤기 때문입니다. 부흥회 나갈 힘도 없었습니다. 마음도 안 생겼습니다. '혼자 지냈으면.' 하는 생각에 시간을 쪼개어 보았지만 그런 시간이 주어지지 않았습니다.

한 달이 지나가고 있었습니다. 그러면서 사건이 조금 가라앉고 있었습니다. 그때쯤 오 전도사님의 모습이 교회에 보이는 것입니다.

사람들이 난리가 났습니다.

"전도사님! 빨리 나와 보세요. 오 전도사님이 오셨어요."

저는 밤에 철야기도를 하고 잠시 누운 터라 만사가 귀찮은 시간이었습니다. 그래도 일어나야만 했습니다. 이유를 알기 위해 만나야만 했습니다. 웬일입니까? 집을 완전히 나온 것입니다. '어? 이건 아닌데.'라는 생각에 저는 물었습니다. 그때부터 어떻게 돌아간 일인지 저는 자세히 알게 되었고 알고 싶지도 않았던, 알아야만 하는 문제 속의 주인공이 되어 버렸습니다. 부모님과 저 둘 중에 저를 택했다고 합니다. 제가 택해 주라고 한 적도 없습니다. 저도 모르게 이루어진 이 사실이 참 황당했습니다.

아들의 고백이 있었기에 부모님들은 다시 그 지역에서 가장 큰 교회로 가게 되셨습니다. 전도사님은 계속 저희 교회에 다니며 봉사하며 안수 받았습니다. 그리고 마침내 담임 목사님이신 저의 아버지와 저의 어머께 결혼 허락을 받겠다고 말씀하시는 것이었습니다. 저의 아버지는 돌아가는 상황을 보시고 아무 말씀이 없으셨고, 저의 어머니는 펄펄 뛰셨습니다. 기도했습니다. 전도사님은 학교를 한 학기 휴학했습니다. 거의 계속 교회에 붙어 있었습니다. 교회 옆에 방을 얻었습니다. 밥 먹을 시간만 되면 저희 집으로 쳐들어 왔습니다. 완전 '찐득이' 같았습니다.

몇 달이 지났습니다. 동생도 집을 나와 버렸습니다. 왜인지 이유를 몰랐습니다. 아버지가 나가라고 하셨답니다. 나중에 알고 보니 배울 만큼 배운 아들이었기에 무엇보다 믿음이 견고하게 세워진 아들이었기에 돌아가는 사정과 형편을 보시고 저희 결혼을 찬성하신 모양입니다. 이 마음을 알게 된 부모님은 "너도 똑같은 놈이야. 나가라." 하신 것입니다. 이 한마디에 나왔다 합니다. 부모 마음에 하나보다 둘 나가면 저희 형제 잘 지내겠지 하는 마음과 둘이 붙어 있으면 저와 결혼할 수 없겠지 하는 마음이 있었던 모양입니다. 그러나 하나님께서 무엇을 원하시는지, 이 동생이 나와 있었기에 저희의 결혼은 급격히 빠르게 진행되어 버렸습니다. 소문이 났습니다. 부모님들 귀에도 소문이 들어간 모양이었습니다.

"조금 있으면 오 전도사, 홍 전도사 결혼한대요."

설마 설마 하던 결혼이 빠르게 진행되자 아들들 모르게 부모님께서는 저를 만나려 했고, 만나 주어야만 했습니다. 저에게는 참 고통스러운 나날이었습니다. 그렇게 저에게 입의 혀처럼 잘해 주었던 집사님들이 하루아침에 많이 많이 굶은 이리떼처럼 달려

들었습니다. 저는 영문을 몰랐습니다. 몰아치매 저의 입에서 못이겨 튀어나온 한마디가 있었습니다. 저도 깜짝 놀랐습니다.

"오 전도사님 한창 아플 적에 저 학교 그만두게 하셨을 때 평생 책임져 달라고 하신 말씀 거짓이었습니까?"

그 말을 건네는 순간 서로의 관계는 극도로 나빠진 상태로 정리되어 버렸습니다. 저에게는 처음 예수님을 만나기 위해 몸부림쳤을 때의 그 외로움과는 또 다른 외로움을 알게 된 사건이었고, 견뎌 나가야만 하는 일로 전개되어 버렸습니다.

아버지 교회가 있었기에 교인들이 있었기에 될 수 있으면 좋은 쪽으로 빠른 시일 내에 어떤 방법으로든지 마무리가 되어야 했습니다. 오 전도사님의 학교에서도 알게 되었습니다. 다 결혼해야 한다고 이구동성으로 돕겠다는 말들이 오고 갔습니다. 전도사님은 더 힘을 얻었고 부모님을 하나님께서 붙들고 계시다는 확신이 있었기에 잠시 하나님의 더 큰 뜻을 위하여 헤어져 있는 것이라고 생각하며 결혼을 강하게 추진했습니다. 저와 저의 부모님은 따라야만 했습니다. 온 교인들이 연합하여 전도사님을 도와주었기 때문입니다. 이때에 엎친 데 덮친 격으로 동생인 둘째 아들마저도 서울신학대학교 신학대학원에 입학을 해 버렸습니다. 부모님 입장으로 볼 때에는 아들 둘 다 하나님께 빼앗겼다는 마음이 들었을 것도 같습니다. 둘 다 전도사님의 길을 가게 되었습니다.

제가 처음 이 가정에 갔을 때의 일을 앞에서 소개했습니다. 이 말이 이루어지는 상황으로 전개되고 말았습니다. 저에게는 빠르게 진행되는 사건이고 결단이었기에 별로 준비할 시간도 없었습니다. 결혼 날짜를 잡으려고 해도 환자들 때문에 잡을 수 있는 날이 별로 없었습니다. 좋은 날짜를 잡았습니다. 좋은 주간을 잡았습니다. 밸런타인데이로 정해졌습니다. 알리지 않았습니다. 별로 많은 사람들에게 알리고 싶지 않았습니다. 착잡한 마음으로 안수를 해 가며 진행을 해야만 했습니다. 하나님 은혜로 많은 이들이 척척 도와주었습니다. 부모님을 뒤로한 채 저의 부모님들 외에 저의 교우들, 저를 알고 있는 약간의 사람들 그리고 오 전도사님이 다니고 있는 신학대학원 전도사님들이 결혼식에 참여한 하객의 전부였습니다. 많은 사람들이 "강사님 결혼 때 꼭 불러 주세요. 강사님 결혼 때는 하객들이 얼마나 많을지 기대가 됩니다."라고 말했었습니다. 이 모든 말들이 물거품이 되어 버렸습니다. 조용히 조용히 진행하고 싶었습니다. 그렇게 되었습니다. 저의 인생이 이때로부터 보호자가 바뀐 새로운 인생이 되어 전개되었습니다.

제4부

하나님께서 일하신다

쓰임 받게 하시고 하나님의 은혜를 사모하며 앙망하는 영혼들을 만족시켜

주는 역할을 하게 하신 하나님께 모든 영광 올리며 더 많은 영혼들이 이러한

성령의 체험을 같이할 수 있기를 소망합니다. 예수님께서 가난한 자, 병든 자,

미련한 자, 소외된 자를 다 품어 안으셨듯 저도 남은 생애 천국 가는 그날까지

기도하며 노력하고 있습니다.

신학 공부와 함께한
신혼 생활

　남편과 시동생 둘 다 신학공부를 해야만 했습니다. 다 서울에 거주해야 했기에 서울에 집을 얻었습니다. 집을 얻어 놓고도 저는 일주일에 한 번씩 함양에 있는 교회에 갈 수밖에 없었습니다. 왜냐고요? 아버지 교회에 둘 다 봉사하고 헌신하는 전도사였기에 둘 다 빠져나가는 일은 저희에게 허용되지 않았습니다. 제가 남아야 했습니다. 안수도 해야 했습니다. 동일하게 교회가 운영되어야 했기 때문입니다. 환자들이 너무 많았기에 결혼을 했음에도 완전히 떠날 수가 없었습니다. 완전히 떠나가기에는 역부족이었습니다.

　그리고 두 전도사님이 공부를 해야 했기에 서로가 벌어야 했습니다. 아버지께서는 왕복 차비와 전도사 사례를 책정해 주셨습니다. 좋은 일도 있었습니다. 그동안 봉사로 섬기던 교회였는데, 사례를 챙겨 줬습니다. 사례가 얼마 되지는 않았지만 서울에서 함양까지 오고 가는 즐거움은 되었습니다. 부흥회 다니면서 조금씩 모아 둔 돈이 있었기에 신학공부 뒷바라지를 할 수 있었습니다.

세월이 좀 지나 두 분 전도사님께서 교회를 맡으시고 섬기게 되자 마음의 여유도 생겼습니다. 날마다 건강이 좋아지고 있었습니다. 같이하는 동생 전도사님이 너무나 힘이 되는 모양이었습니다. 둘 사이는 너무너무 좋았습니다. 부모님들께서 형제간의 우애는 잘 가르쳐 주신 것을 알았습니다.

몇 달이 지났습니다. 임신이 되었고, 저의 몸은 날로 날로 쇠약해져만 갔습니다. 입덧도 심했습니다. 학비를 모아서 내야만 했기 때문에 돈도 마음껏 쓸 수는 없었습니다. 힘이 들었습니다. 시골로 왔다 갔다 하기에는 힘이 부쳤습니다. 보다 못한 나머지 아버지와 어머니께서 저를 해방시켜 주셨습니다. 해방이 맞는 표현일 것입니다.

그 많은 환자들 속에서 해방된 것입니다.

시댁과는 연락도 없이 아무 교류도 없이 계속 신학공부를 하며 기도하고 인내하며 지내야만 했습니다. 명절 때면 시동생과 남편 얼굴을 보는 저의 마음이 몹시 무거웠습니다. 그러나 하나님은 계획 속에서 잘 이겨 나가게 하셨습니다. 교류가 안 되는 몇 년 기간에 하나님은 작업하셨습니다. 시부모님들에게 진짜 확고한 믿음이 서게 하셨고, 주의 종의 가치를 확실히 알게 하셨습니다.

첫아이를 낳았습니다. 이런 일들이 진행되고 있었던 동안에 시골 아버지 교회에서는 어려움이 있었던 모양입니다. 어머니께서 저의 빈 공간을 채우며 환자들에게 안수를 해 주었지만 만족은 없었던 것 같았습니다. 그리하여 아버지께서 사역지를 옮길 마음을 먹고 새로운 각오로 도전하셨던 모양입니다. 함양에서 멀리 떨어진 거제도의 목사님과 임지를 바꾸게 되신 것입니다. 저는 친정으로 아이를 낳기 위해 갔었습니다.

한 달쯤 있다가 다시 올라와 보니 서울에 있는 집이 너무 좁고 답답했습니다. 경기도 부천에 자리 잡고 있는 학교 앞의 작은 집이었습니다. 환자에게 시달려야만 했던 저에게 보금자리로 느껴졌던 그 집이 아이를 낳고 올라가자 너무너무 협소해 보였습니다. 실제로 아이와 같이 지내기에는 힘들고 편치가 않은, 좁고 갑갑한 주택이었습니다. 저는 기도했습니다. 하나님께 매달렸습니다.

논문 학기가 시작되었습니다. 이때 마침 친정어머니께 전화가 왔습니다. 거제도에 내려와 몇 년 아버지의 목회를 도와 달라는 부탁이었습니다. 이 모든 일이 하나님께서 지금의 우리를 쓰시기 위한 작업이셨음을 알고 감사함을 드립니다. 부모님의 마음에 막내딸을 한 달 동안 데리고 있다가 아무도 없는 서울 바닥에 올려 보내시게 되자 생각이 많았던 모양입니다.

사실 한 달 동안 친정에 가 있으면서 제 생애에 부모님의 사랑도 너무너무 많이 느꼈고 또 누렸고 딸아이를 낳고 보니 너무 귀엽고 소중했기에 저를 보며 대하는 부모님의 마음을 조금이나마 헤아릴 수 있었습니다. 저와 함께 목회를 같이하며 누렸던 기쁨과 능력과 은혜가 있었기에 그 상황도 앙망이 되셨던 모양입니다. 다시 함양에서와 같이 목회를 서로 도우며 열심히 해 보고 싶은 마음도 크신 것 같았습니다. 부모님께도 그 당시에는 저희 부부의 도움이 필요 한 것 같았고, 저희 부부에게도 필요한 시간이 될 것 같았습니다.

남편과 의논했습니다. 한 2년만 돕고 우리도 좀 쉬었다 오자고 서로 얘기가 되었습니다. 저는 마치 휴가를 얻는 기분과도 같았습니다. 왜냐고요? 이제껏 어릴 적에 기도원 생활부터 아이를 낳기 직전까지 제 삶 속에 쉼이란 별로 없었기 때문입니다. 거제에 가면 부모님 그늘 밑에서 푹 쉬어야지 하는 마음에 잠도 이룰 수가 없었습니다.

'와! 하나님께서 아기와 동시에 나에게 휴가를 주시나 보다.'

인생에서 이제껏 소풍도 한 번 가 보지 못한 저였기에 쉬고 싶었습니다. 기도하고 은혜 받고 미국 가서 부흥회 하고 공부해야 했습니다. 제 인생이 이러했기에 학생이라면 꼭 접할 수 있는 소풍마저도 저의 생애에는 없었습니다. 그러하기에 저에게 쉴 수 있다는 자체는 생각만 해도 가슴 벅차는 일이었습니다.

특별히 허락받은 휴가 기간

빠른 속도로 진행되었습니다. 남편과 함께 짐을 꾸렸습니다. 거제도로 내려갔습니다. 생소하지가 않았습니다. 친정집이 있는 곳이었기 때문입니다. 저는 쉴 마음으로 내려갔기 때문에 아무 부담이 없었습니다. 그동안의 상황과는 다르게 남편을 앞세워 가는 곳이기에 너무너무 좋았습니다. 항상 지쳐 있고 병든 몸으로 저에게 기대고 있는 남편이었는데 아버지가 목회하시는 교회에 당당하게 초청되어 정식 전도사로 부임 받아 가는 케이스가 되었기에 더없이 기뻤습니다.

남편은 점점 건강해져 갔습니다. 건강을 소유하는 축복된 종으로 자리 잡아 갔습니다. 친정아버지와 남편은 호흡이 너무너무 잘 맞아 보였습니다. 함양에서 같이 호흡 맞춰 가며 목회하시던 경험이 있었기에 눈빛만 봐도 서로가 서로를 이해하며 일사천리로 척척 일들을 해 나가셨습니다. 양들의 존경을 받으며 주의 일을 감당하게 되었습니다. 저희들이 내려간 이후로 교회 안의 모든 예배와 찬양과 봉사의 일들이 더욱 활발하게 이루어지게 되었습니다.

저는 무조건 조용히 쉬고 싶었습니다. 그러나 부모님께서는 저의 능력과 저를 통해 일하신 아버지의 사랑을 알았기에 사용되어지기를 원하셨습니다. 저는 들은 척도 하지 않았습니다. 어머니가 누누이 제 귓가에 속삭였습니다.

"너는 쉬면 안 돼. 주의 일 감당해야 돼. 하나님께서 너 받은 은혜 거둬 가시면 어떻게 할래?"

이런 말씀 저런 말씀으로 저의 마음을 흔드셨습니다. 그러나 저는 집에서 밥하고 빨래하고 청소하고 있는 것이 너무너무 자유하고 행복했습니다. 이 마음을 독자 여러분께서 이해해 주시는 은혜가 있으시기를 소원합니다.

점차 남편의 자리는 확고히 굳어져 갔습니다. 저에게 들려오는 소리도 있었습니다.

"와! 우리 전도사님! 사모님 시집 잘 갔지. 어쩌면 저런 남편을 만났을까?"

모든 성도들의 반응은 이렇게 나타났습니다. 저는 아랑곳하지 않았습니다. 왜냐고요? 제 생애에 찾아온 휴가가 너무너무 귀하고 좋게 느껴졌기 때문입니다. 이런 말이 제 귀에는 별로 신경 쓰이는 말이 아니었습니다. 낮잠도 잤습니다. 음악도 들었습니다. 유행가도 한번씩 들어 봤습니다. 따라 불러 보기도 했습니다.

'와! 자유다.'

지긋지긋한 환자가 아닌, 내 눈에 보이는 사람은 수많은 인산인해를 이루는 성도들이 아닌, 불치병을 앓고 있는 급박한 상황의 환자들이 아닌 하나님께서 주신 나만의 선물이었습니다. 우리 딸아이와 단둘이 작지만 아늑한 공간. 여러분 제 마음이 이해가 되십니까?

전도사님의 출근을 도와주고 난 후 우연히 텔레비전을 켜 보았습니다. 아마 제 생애에 마음먹고 텔레비전을 틀어 본 일은 이때가 처음이었나 봅니다. 저는 이제껏 대한민국 아줌마들이 텔레비전 연속극을 시청하며 울고 웃는다는 사실을 인정할 수가 없었습니다.

그러나 참 재미있었습니다. 저도 역시 대한민국 아줌마로서 꼭 해야 할 일을 하고 있었습니다. 그러나 제 마음에 예수님을 멀리한 적은 추호도 없었습니다. 그런 시간을 접하면서도 하나님과의 영적 교류는 철저히 유지될 수 있도록 노력했습니다. 언젠가는 또 해야만 하는 저의 일을 알고 있었기 때문입니다. 저는 시간 시간 하나님께 감사했습니다.

'하나님! 휴가 주신 것 감사해요. 예쁜 딸 주신 것 감사해요. 건강한 딸 주신 것 감사해요. 좋은 남편 주신 것 감사해요. 예수님 섬기는 부모님 주셔서 감사해요.'

감사의 조건이 너무너무 많았기에 평안했습니다. 낮잠도 자는 여유가 생겼습니다. 딸아이 젖을 물려 가며 그 이유를 핑계 대고 방에서 뒹굴어 보는 이 행복함. 무엇과도 바꾸고 싶지 않은 자유함이었습니다. 된장찌개를 끓였습니다. 너무너무 맛있었습니다. 이 반찬 저 반찬 만드는 반찬마다 너무너무 맛이 있었습니다. 지금 제 자랑 하는 것이 아닙니다. 한 번도 제 손으로 여유롭게 밥을 챙겨 먹지 못했기에 반찬 만드는 것이 재미있었습니다. 행복했습니다.

이런 제 모습을 지켜보시는 친정어머니. 안타까워했습니다. 여러분, 저의 어머니 이해가 되시죠? 그렇게 크게 쓰임 받던 귀한 딸이 하루아침에 보통 주부가 되어 가려고 하는 그 자체가 이해가 되지 않았던 모양입니다. 저에게 수없이 말씀하셨습니다.

"함양에 있을 때 모양으로 아버지하고 오 전도사하고 같이 하나님 일을 해야지?"

걱정스러운 목소리로 자꾸만 저를 떠미셨습니다. 저를 가만두지 않았습니다. 쪼아 붙였습니다. 저는 그 당시 속으로 어머니께 외쳤습니다.

'하나님께서 저에게 특별히 허락하신 시간이에요. 자유함을 누리게 하셨어요. 저 좀 이해해 주시면 안 돼요?'

마음으로만 말씀드릴 수밖에 없었습니다. 저는 지금도 그러하지만 부모님께 제 자의로 행하는 아픔은 드리고 싶지 않습니다. 그러했기에 아무 반응을 보이지 않은 채 속으로만 외쳤던 것입니다.

말할 수 없는 기도 제목

이러한 시간이 계속되었지만, 어디에선가 소문이 난 모양입니다. 환자들이 다시 찾아오기 시작했습니다. 또다시 안수를 시작해야만 했습니다. 담임 목사님이셨던 아버지가 흔쾌히 허락하신 일이었기에 교회 안에 안수시간은 자연스럽게 만들어졌고, 점점 더 깊이 자리 잡게 되었습니다. 각종 병명의 환자들이 다시 몰려들기 시작했습니다. 대한민국의 정상적인 주부로 평범하게 사는 것이 허락되지 않았습니다. 본교회 교인들까지도 놀라워하며 신기해하였습니다. 하나님의 살아서 역사하시는 기적을 체험하며 감사로 영광을 돌리는 굳건한 신앙으로 세워져 가는 시간들이 지속되었습니다. 교회는 소문이 나고 성장하기 시작했습니다.

거제도에는 대우라는 큰 회사가 자리 잡고 있었습니다. 대부분 거제도 사람들은 이 회사에서 일하며 살아갑니다. 지역 교회들의 일정도 이 회사의 사정에 따라서 움직여지는 것이 많았습니다. 그러나 저희 교회는 더 이상 그렇지 않게 되었습니다. 거제도가 아닌 전국에서 예배드리고 안수 받고 병 고침을 받기 위해 몰려드는 교회로 자리 잡았습니다. 외국에서도 왔습니다. 사람들은 신기해했습니다.

"아니 이 작은 우리 교회에도 외국인이 오다니!"

어깨에 힘이 들어가는 집사님들도 계셨습니다. 점차 점차 더 몰려오기 시작했습니다. 교인들의 반응도 더 커져만 갔습니다. 기도회도 하게 되었습니다. 다시 주의 일이 시작된 것입니다. 아이들마저도 방언이 터져 나왔습니다. 교인들에게 회개의 영이 임했습니다.그렇게도 부르짖어야만 한다고 외쳤지만 되지 않았던 교인들의 입이, 교인들의 가슴이 열리기 시작했습니다.

"주여! 주여!"

살아 계신 아버지를 마구 찾아 외쳤습니다. 기도의 불이 붙었습니다. 교회는 힘 있는 담임 목사님의 말씀과 성령 충만한 전도사님의 찬양과 저의 안수로, 이 세상 어디에서도 보기 드문 환상적인 콤비의 사역으로, 거기에 눈물 뿌려 몸부림치며 기도하는 교인들까지 어우러져 하나가 되어 갔습니다.

교인들의 대화가 달라졌습니다. 서로 축복된 말만 오고 갔습니다. 힘이 되는 말만 해 주었습니다. 서로가 서로에게 예수 사랑을 알게 했습니다. 그중 저에게 들려오는 기분 좋은 말이 있었습니다.

"전도사님! 장가 잘 갔네."

거제도 처음 와서 한 3개월 동안 반대의 말을 들어야만 했었는데, 다시 주의 일을 하다 보니 평소에 들었던 말이 제 귀에 들려왔습니다. 친숙한 말. 시집을 잘 간 게 아니라 장가를 잘 갔다는 그 말. 기분이 가히 나쁘지 않았습니다.

이리하여 다시 일 해야만 했습니다. 안수 말입니다. 휴가는 잠깐이었습니다. 딸아이와의 둘만의 시간은 더 이상 허용되지 않았습니다. 각처에서 교회에서 상처받고 몸에 병들고 물질 잃고 세상적인 모든 것을 잃어버린 사람들이 소문 속에 밀려왔습니다. 걷잡을 수 없는 파도처럼 교회가 미어터질 만큼 주일예배는 꽉꽉 찼습니다. 휠체어도 들어왔습니다. 침대도 밀고 들어왔습니다. 산소 호흡기도 달고 왔습니다. 한마디로 병원에서도 볼 수 없는 광경들이 주일예배 때에는 펼쳐졌습니다. 평일 날이면 목회자들도 몰려왔습니다. 모든 양들을 다 데리고 오시는 목사님도 계셨습니다. 다 받아 줘야 했습니다.

부흥회 초청도 들어왔습니다. 꼭 가야 할 곳은 가 주어야만 했습니다. 딸아이가 있었기에 모유를 먹이는 상태였기에 부흥회 인도는 가급적 다니지 않으려고 애를 썼습니다.

어렵게 수소문해서 찾아오는 환자들 대부분마다 기분 좋은 모습으로 돌아갔습니다. 왜냐하면 저에게는 하나님께서 특별한 은혜를 베푸셔서 치료가 안 될 환자에게는 손 얹어 안수하지 말라는 음성을 미리 들려주었기 때문입니다. 제 입에서 "예수 이름으로 당신은 살 수 있습니다." 이 말이 튀어나오면 하나님께서 은혜를 베푸시어 환자에게 이길 수 있는 믿음과 복종할 수 있는 마음과 결단할 수 있는 능력을 주셔서 아버지께서 일하시기에 합당한 사람 되게 만들어 주셨기 때문입니다.

이렇게 분주하게 지내고 있었는데, 하나님께서 둘째 아이를 허락하셨습니다. 저는 입덧이 너무 심했습니다. 매일 해야만 했던 안수 시간을 줄였습니다. 어머니께서 대신 감당하실 수 있었기 때문입니다. 꼭 저를 필요로 하는 환자는 한 번씩 봐 주었습니다. 계속 교회는 소문에 소문이 났습니다. 예수님의 이름을 전하며 예수님의 능력을 나타내는 좋은 교회, 복된 교회, 하나님께서 진정으로 살아 일하시는 교회로 성장에 성장을 거듭했습니다. 둘째 아이를 낳았습니다. 몸조리를 했습니다. 큰아이 때보다는 몸조리가 정상적으로 되지 않았습니다. 찾아오는 환자들이 많았기 때문입니다. 틈틈이 기도도 했습니다. 말씀 보는 시간도 틈틈이 가져야만 했습니다. 아내로서 딸로서 주부로서 삶도 바쁘게 이루어져야만 했습니다. 그래도 이곳저곳에 부흥회를 다니는 것보다는 수월했습니다.

결혼 때부터 우리 곁에서 항상 그림자처럼 같이했던 저에게 힘이 돼 주었던 시동생 아시죠? 우리가 거제도에 내려온 지 얼마 후 졸업을 앞두고 있었기에 거제도에서 가장 가까운 성결교회에 내려올 마음을 먹고 기도하던 중 통영에 있는 교회에 올 수 있었습니다. 물론 형수가 너무 좋아서였겠죠? 저의 착각은 아닌 것 같습니다. 지금도 형님과 형수 물에 빠지면 형수 먼저 건진다고 합니다. 이해가 잘 안 되시죠? 말씀에 심은 대로 거둔다고 말씀하셨기 때문입니다. 부모님들과 단절된 터라 1주일에 한 번씩 형님 집인 저희 집에 와서 대화도 하고, 쉼도 얻고, 조카들과 놀기도 했습니다. 제가 만들어 주는 1주일분의 국과 반찬을 가져갔기에 오는 이유도 되었습니다. 열심히 심었습니다. 웬수 같은 시동생이 아니라 기도로써 하나 될 수밖에 없었던 시동생. 때로는 부담도 되었습니다. 하나님께 우리를 향하신 더 큰 뜻이 있음을 알았기에, 하나님께서 베푸시는 놀라운 사랑에 빚진 자였기에, 우리는 더 이해하며 더 감싸며 기도하며 하나가 되어 나가야만 했기에 우리의 만남은 늘 좋게만 이루어지고 있었습니다.

제가 시동생에게 더 잘 대해 줄 수밖에 없었던 이유는, 말없이 베풀어야 했던 이유는, 저에게 잘 대해 주었음도 아니요, 남편의 하나 밖에 없는 동생이었음도 아니요, 같은 주의 길을 가고 있는 주님의 크신 뜻을 이루기 위해 몸부림쳐 기도하는 주님의 귀한 종이기 때문입니다. 저는 제가 할 수 있는 최선의 노력으로 대하였습니다. 우리의 관계는 날로 날로 더 이해하며 더 사랑하며 더 존경하며 더 깊어만 갔습니다. 하나된 형제간의 모습을 보고 있으면 한없는 감사와 넘쳐 나는 은혜를 느꼈습니다.

큰딸과 작은딸 키우는 재미도 솔솔 느껴지고 있었습니다. 감사의 조건이 되었습니다. 너무너무 야무지고 똑똑하게 컸습니다. 유치원도 가게 되었습니다. 온 교회 집사님들과 성도들의 사랑을 독차지 할 정도로 예쁘게 키워 주셨습니다. 담임 목사님이셨던 외할아버지와 외할머니는 누구보다 더 예뻐하셨습니다. 외할아버지, 외할머니의 사랑을 받고 있는 터라 감사했지만 제 마음 한 구석에는 늘 함양에 계시는 친할아버지, 친할머니가 기도 제목으로 남겨져 있었습니다. 밤이면 모든 일과를 마치고 다른 방에 건너가 무릎 꿇고 하나님께 애원하며 통회하며 회개하며 부르짖었습니다.

"하나님! 저로 인해 5계명의 축복을 받게 하옵소서."

주께서 허락하셔야 되는 일이었기 때문입니다. 몸부림쳤습니다. 저의 마음에 항상 편치 않은 기도 제목 중 하나로 크게 자리 잡고 있었습니다.

"부모와 자식과의 교류가 이루어지게 하옵소서. 주 안에서 서로 위하며 서로 기도하며 하나되게 하옵소서. 주의 일 하는 데 장애되는 일이 되지 않게 하옵소서. 이 일로 인하여 두 분 전도사님의 마음에 근심거리가 되지 않게 하옵소서. 저에게 너의 평생에 내가 항상 도우리라 말씀하신 하나님 도우심을 느끼며 이 문제가 해결되는 은혜를 맛보게 하옵소서."

남편에게도 말할 수 없는 기도 제목이었습니다. 저보다 더 괴로워하는 남편 마음을 조금은 알 수 있을 것 같았기 때문입니다. 그러나 남편은 저보다 믿음이 월등히 좋았습니다.

"하나님께서 하시는 일이야."

걱정하지 않는 것 같았습니다. 저는 기도하며 남편과 시동생을 몇 차례 부모님이 계시는 함양 집에 보내 보기도 했습니다.

물론 저는 가지 않았습니다. 가기도 싫었고, 갈 수 있는 형편도 아니었기 때문입니다. 큰아이를 딸려 보내기도 했습니다. 부모님들의 마음은 좀체 풀어지지 않았습니다. 남편은 저에게 그만하면 됐다고 오히려 위로해 주기도 했습니다. 이런 와중에도 환자 보는 일과 기도하는 일은 계속되었습니다. 부모님과의 문제 외에는 다 잘 풀려 나가는 은혜로운 나날이었습니다.

하나님께서 이루어 주신 화해

세 번째 임신이 되었습니다. 이 소문이 났는지 그렇게 완고하시던 부모님들께서 아들 둘을 받아 주셨습니다. 물론 저도 며느리로 받아들여졌습니다. 온 가족이 하나 되어서 부모님을 찾아뵈러 갔습니다.

저희를 기쁘게 휴가를 내어 보내 주신 담임 목사님이셨던 친정 아버지와 어머니. 저의 눈에는 누구보다 기뻐하시는 두 분의 얼굴이 떠오릅니다. 저는 그때 자식을 생각하는 부모님의 넓은 사랑에 말없이 고개를 숙여야만 했습니다. 만남이 이루어지고 시댁에서의 시간이 제 인생에 처음으로 전개되고 있었습니다. 시부모님께서는 언제 우리가 어려운 일이 있었느냐는 듯이 자연스럽게 감싸 주셨습니다. 부모님의 깊은 사랑을 베풀어 주셨습니다. 손녀들을 부둥켜안으시고 기뻐하시는 그 모습이 너무너무 생생하게 기억납니다.

딸만 둘인 저에게는 전도사님께서 장남이었기에 셋째를 가졌지만 부담이 많이 되었습니다. 또 딸일까 봐. 이 마음을 읽으신 시아버지께서 말씀하셨습니다.

"셋째도 딸이어야 한다."

저희는 깜짝 놀랐습니다. 왜일까요? 그리도 아들을 좋아하시는 시어른의 셋째도 딸이어야만 한다는 말씀에 놀라지 않을 수 없었습니다. 이유인즉 전도사님이 강직성척추염으로 진단받고 사형 선고 받았을 때, 의사 선생님이 한 말이 있다고 합니다.

"이 아들은 급성이기 때문에 곧 죽습니다. 치료방법이 없습니다."

울고 매달렸더니 하는 말.

"만에 하나 산다고 할지라도 이 아들은 아들을 낳으면 안 됩니다. 딸은 괜찮은데 아들은 유전됩니다."

당신 눈앞에 살아 있는 아들을 볼 때마다 이 말이 생생히 떠오르고 명심할 일로 기도 제목으로 남아 있다고 합니다.

헤어져 있는 몇 년의 기간 동안 부모님들의 믿음도 하나님의 돌보심으로 견고하게 세워져 있었습니다. 할렐루야. 이 모든 일들을 하나님께서 하신 일임을 알 수 있었습니다. 만약 우리의 결혼이 순조롭게 진행되었다면 고집 세시고 자식들에게 기대가 너무 큰 부모님으로 남아야만 했기에 저를 편하게 해 주시기 위해서 잠시 광야 생활을 허락해 주신 것이었습니다. 시댁이 너무너무 편했습니다. 마치 거센 폭풍이 밤새 몰아치다 아침이 됨에 조용하게 사라져 버린 것같이 시부모님과 시댁 모두는 저에게 쉼터로 다가왔습니다.

이 책을 쓰는 지금은 세상에서 둘도 없는 시부모요 세상에서 둘도 없는 며느리의 관계가 되었고, 눈에 넣어도 아프지 않은 위대하게 쓰실 하나님의 귀한 종 두 아들과 세 손녀들을 자랑하며 감사하며 기도로 돕는 장로님 권사님으로 열심히 저를 위해 기도하고 계시는 부모님이십니다.

양가 부모님들의 기도에 힘입어 셋째를 낳게 되었습니다. 또 딸이었습니다. 딸만 둘인 저희 가정이었는데도 너무너무 기뻐했습니다. 딸만 둘이었던 남편의 마음에는 아비의 마음으로 셋째는 아들이었으면 하는 바람이 많았던 것 같습니다. 저도 마찬가지였습니다. 저는 말씀으로 위로받아야만 했습니다. 셋째 딸을 낳고 나서 남편은 하나님의 큰 은혜를 깨달았다고 합니다.

'세상은 우리 마음대로 되지 않는다. 하나님께서 일하신다. 하나님께서 꼭 필요해서 이 자녀 주셨다. 세 딸을 허락하셨다.'

이 마음을 품을 때, 감사의 기도를 드릴 수 있었다고 합니다. 아이는 똑똑하고 예쁘게 자랐습니다. 세 딸은 그 어떤 집의 딸들보다 아름다워 보였습니다. 부자가 된 것 같았습니다. 열심히 주의 일 감당하려고 몸부림치다 보니 하나님께서 주신 최고의 선물들이었습니다.

▲ 가족사진

기적의 교회, 대망교회

주일이면 거제도 교회의 본당이 꽉꽉 찼습니다. 전국에서 몰려
왔습니다. 세계에서 몰려오는 것 같았습니다. 이렇게 세월이 흘
러갔습니다. 1~2년만 있다가 나오자 하던 거제도 교회에서의 세
월이 어언 7년이 지나 버렸습니다. 전도사님께서 목사 안수를 받
을 때가 다가왔습니다. 우리 부부는 기도해야 했습니다. 기도 제
목이 되었습니다.

저희 부부는 둘이서 기도하며 조심스레 개척 문제를 의논하게
되었습니다. 너무나 친정 부모님, 교인들까지 저희를 많이 의지
하며 바라며 신앙생활을 하는 분위기가 되어 버렸기 때문에 둘
이서만 조용히 의논할 수밖에 없었습니다. 부모님이셨지만 상의
할 수가 없었습니다. 교인들에게도 알릴 수가 없었습니다. 은퇴
몇 년을 앞둔 아버지였기에 저희들이 하나님께서 허락하시면 당
신이 은퇴하실 때까지 함께 교회를 돌보며 주의 일 하기를 원하

셨습니다.

그러나 저희 부부는 마음에 울림이 있었습니다. 한 2년 더 있다가는 저희가 개척하기에 조금 늦은 나이가 될 것 같았습니다. 단호하게 마음먹었습니다. 말씀드렸습니다. 생각대로 굉장히 안타까워 하셨지만 부모의 심정으로는 밀어 줄 수밖에 없었습니다.

일은 기도로 준비한 덕에 순조롭게 진행되었습니다. 이 사실이 알려지자 각처에서 몰려오던 환자들이 저희 개척 멤버가 되겠다고 하였습니다. 개척 문제가 논의되고 있을 때쯤 목사 안수 날짜도 잡혔습니다. 거제도 교회에 사임을 하고 부산으로 개척을 하게 되었습니다. 개척한 첫 주에 목사 안수를 지역총회에서 받게 되었습니다. 목사님으로서 지금의 대망교회를 섬길 수 있도록 하나님께서 모든 일을 계획하시고 이루신 것입니다. 담임 목사님의 사모로서 일하게 하셨습니다.

개척 교회답지 않게 많은 성도들이 모여들었습니다. 대부분이 세상에서는 희망도 없고 좌절밖에 없는, 고치지 못하는 병이 든 기댈 데 없는 영혼들이었습니다. 90퍼센트 이상이 환자였습니다. 예배드릴 장소가 없었습니다. 돈도 없었습니다. 그러나 저희들은 열심히 기도하고 온전치 못한 건강들이었지만 감사하며 개척 멤버로서 열심히 따르는 양들을 바라보며 나아가야 했습니다.

예배는 잠시 기도원을 빌려서 드렸습니다. 기도원의 집회시간을 피해 가며 사용해야만 했습니다. 부산 금정산성에 위치한 가나안수양관. 원장님의 배려로 잠시 본당 외의 건물을 사용하기로 했습니다. 금요 철야 예배는 기도원 예배 때문에 목요일로 옮겨서 드려야 했습니다.

목사님의 말씀의 능력이 굉장히 살아났습니다. 그동안에 전도사로서 사역했던 때와는 비교할 수 없을 만큼 막강해져만 갔습니다.저의 치유 사역도 마찬가지였습니다. 하나님께서는 환상의 콤비로 일하게 하셨습니다. 성도들도 기적을 체험하며 말씀의 은혜를 누리며 영육 간에 건강함으로 새 삶을 살게 되었습니다. 마치 떨기나무에 불길이 치솟아 오름을 보고 모세가 찾아간 것처럼 멀리서 지켜보던 기도원을 찾은 우리 교인이 아닌 다른 팀들까지도 기도원 집회보다 우리의 예배를 사모하고 앙망하는 마음이 많음을 우리의 눈으로 보게 하셨습니다. 이것을 알고서 기도원 원장님은 저희에게 예배드릴 다른 곳을 찾아 달라고 말씀하셨습니다.

이 당시에 우리는 개척 교회임에도 불구하고 하나님께서 교회 지을 장소와 땅을 구입하게 허락하셨기에 바로 진행하여 교회 건축을 하고 있는 상태였습니다. 너무너무 감사한 일이었습니다. 개척과 동시에 교회 지을 땅도 허락하시고 이것을 감당할 성도들도 허락하셔서 교회를 건축할 수 있는 은혜를 주신 하나님! 너무너무 행복하고 기뻤습니다.

기도원에서 나온 우리 교인들은 이곳저곳을 다니며 예배를 드려야 했습니다. 안수도 받아야 했습니다. 그러했기에 저는 더 생명을 다해서 안수했습니다. 교회가 건축되었습니다. 남들이 보기에는 다른 교회에서 보기에는 기적 같은 일들이었습니다. 세상에 이런 일이, 다들 입을 다물지 못했습니다. 목사님과 저에게 주신 비전의 시작에 불과한 일이었지만 기적의 교회로 처음부터 알려졌습니다. 모든 것이 하나님 뜻 가운데 이루어짐을 저는 느낄 수 있었습니다.

교회가 세워졌습니다. 지방회의 많은 목사님들이 오셔서 입당예배도 드리게 되었습니다. 목사님의 말씀을 중심으로 하나님 중심의 교회로 권위 있고 건강하게 질서가 잡혀 가며 하나님의 기적을 날마다 체험하는 교회로 멋지게 세워지고 있었습니다.

매 주일 예배를 마치면 2부 순서로 안수를 해야만 했습니다. 교회의 양육체계도 잡아 나가야 했습니다. 저희 교회는 건강을 잃어버린 분들이 대다수였지만 90퍼센트 이상이 지식층이었습니다. 부산을 시골이라고 하면 그렇지만, 시골 교회에서 잘 볼 수 없는 수재들도 많았습니다. 각처, 각 나라에서 몰려들었습니다. 둘이서 점점 감당하기가 벅찰 정도였습니다. 육적으로 지식 수준이 높은 성도들, 영적으로 앙망하는 성도들, 세상에서 고칠 수 없는 불치병으로 신음하는 성도들….

이만하면 이해가 되시겠죠? 도울 수 있는 부교역자가 필요했습니다. 이 문제를 놓고 기도해야만 했습니다. 기도하는 도중에도 너무너무 큰 행복과 즐거움을 양들과 함께 누리는 은혜를 주셨습니다. 부흥회를 나가지 않고 안수만 하고 있었던 저는 건강이 점점 나빠져 감을 느낄 수 있었습니다. 저는 새로운 환자가 오려고 하면 저의 몸에 그 환자의 통증이 그대로 느껴집니다. 하나님께서 미리 준비기도를 시키시기 때문입니다. 몰려오는 환자들로 인해서 저의 몸은 건강하면서도 아픔을 겪어야만 했습니다. 그래도 감사했습니다. 저는 죄인임을 알았기에 더 감사해야 했습니다. 찬양이 튀어나왔습니다. 환자가 많이 몰려오면 올수록 저를 쓰시는 하나님을 느낄 수가 있었습니다. 주의 이름으로 손만 얹으면 속이 다 보입니다. 무슨 병인지 알게 됩니다. 하나님께서 저를 통해서 하시는 일입니다. 독자 여러분들이 말씀을 믿듯 믿어지는 은혜가 임하시길 소원합니다.

이 일, 저 일 교회는 체계적으로 잡혀 갔고, 교인들도 나날이 채워지며 건강을 되찾았습니다. 개척 초기인데도 부목사님까지도 부임하게 되었습니다. 영적 체험과 말씀의 능력과 양들의 건강을 놓고 눈물 뿌려 기도할 수 있는 부목사님이어야 했기에 기도하는 도중 통영에 사역하던 시동생 목사님을 청빙하였습니다.

교인들은 100퍼센트 환호하며 인정하고 받아 주었습니다. 부목사님으로서 최고였습니다. 서울대학교를 졸업한데다 서울신학대학교 신학대학원 나오셨고, 기도하시는 분이며, 무엇보다 우리의 개척을 가장 기뻐했고 가장 많이 도왔고 축하해 주신 분이고, 우리 교회의 시스템을 완전히 알고 있었기 때문입니다. 무엇보다 저와 우리 목사님께서 교회를 잠시 비우고 부흥회를 나가도 아무 부담이 없는, 하나님께서 보내신 부목사님이셨습니다.

이와 아울러 하나님께서 우리 교회에 복을 주셔서 거제도에 계시던 친정 부모님들께서도 은퇴하신 후 저희 교회로 출석하게 되었습니다. 저희 부부가 잠시 선교 현장과 부흥회를 위하여 교회를 비울 경우 부목사님과 하나가 되어 교회를 힘껏 섬기고 계십니다. 거제도에 계실 때와는 전혀 반대의 상황으로 출석하시지만 부모된 입장으로서 너무나 감사해하시며 필요할 때마다 시기적절하게 빈 곳을 채워 주시고 계십니다. 할렐루야.

안수 방법을 바꾸어야만 했습니다. 한 명 한 명 일일이 다독거려가며 해 주었던 개척 교회의 안수 시스템으로는 역부족이었습니다. 모든 교인들과 의논하여 '화요 치유 기도회'로 타이틀을 정하고 제가 부흥회 인도하듯 하면서 통성기도와 동시에 안수를 해 주는 시스템으로 바꾸었습니다. 물론 이날은 타 교인들도 와서 은혜 받고 찬양하며 기도하며 자기 하나님 찾고 몸부림치며 병 고침 받고 본 교회로 돌아가 더 많이 봉사하게끔 열어 두는 시간이 되었습니다. 지금도 이 시간은 어김없이 진행되고 있습니다. 많은 각국에서까지도 오고 있습니다.

이렇게 쓰임 받게 하시고 우리 교회를 통하여 하나님의 은혜를 사모하며 앙망하는 영혼들을 만족시켜 주는 역할을 하게 하신 하나님께 모든 영광 올리며 더 많은 영혼들이 이러한 성령의 체험을 같이할 수 있기를 소망합니다. 예수님께서 가난한 자, 병든 자, 미련한 자, 소외된 자를 다 품어 안으셨듯 저도 남은 생애 천국 가는 그날까지 주님의 뒤를 조심스레 따라가기를 기도하며 노력하고 있습니다.

사랑하는 독자 여러분, 주님을 더 알아 가기로 소망하는 성도 여러분, 부디 이 책을 통하여 여러분들의 삶 속에 저를 만나 주신 하나님을 만나는 은혜가 충만하시기를 기도합니다. 할렐루야! 모든 영광을 하나님께 올려 드립니다.

▲ 대망교회 부산성전_예배전경

대망교회 부산성전_치유집회 ▲ ▶

▲ ▲ 대망교회 서울성전_치유집회

▼ 대망교회 서울성전

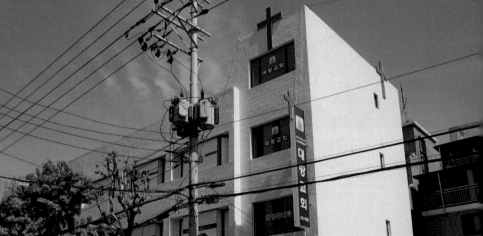

부 록

주님 감사합니다

✝

김현화 집사

저는 지금 이 자리, 대망교회로 인도하여 주신 하나님의 크신 은혜에 정말 감사드립니다.

2010년 7월 20일 우리 가정에 선물과도 같은 하율이가 태어났습니다. 결혼하고 거의 1년의 기다림 끝에 얻은 아이라 정말 감사했습니다. 하율이는 뱃속에서 탯줄이 목에 감겨 있었고, 출산 당시 시간이 오래 걸려 태변을 먹어 안 좋은 상황이었지만 정말 주님의 은혜로 자연분만을 하였습니다. 그리고 별 다른 이상 없이 잘 자라고 있었습니다. 그러다 2011년 1월 12일 모세기관지염으로 집 근처 작은 병원에 입원하게 되었습니다. 그때 처음으로 입원하기 위해 피검사를 하였는데 간 수치가 높게 나왔습니다. 의사는 그 다음 날 오전, 오후 다 피검사를 하고 또 그 다음날도 검사를 하였습니다. 그리고 수치가 계속 올라간다며 큰 병원으로 가야겠다고 하였습니다. 떨리는 마음으로 부산 동아대병원으로 갔습니다. 거기서도 검사를 계속하였습니다. 작은 아기의 몸에서 피를 뽑다가 나중에는 목 혈관에서 피를 뽑기까지 했습니다. 간수치가 1000까지 올라갔습니다. 그런데도 원인을 몰라 검사만 해댔습니다. 병원에서는 바이러스가 침투하면 이럴 수도 있다고 시간이 지나면 수치가 떨어질 테니 퇴원해서 정기적인 검사를 통해 지켜보자고 하였습니다. 하율이는 2011년 1월 12일부터 20일까지 병원치료를 받고 퇴원을 하였습니다. 그 뒤로 두 달마다 정기검사를 하며 간수치를 지켜보았지만 700~800선에서 계속 왔다갔다만 하였습니다.

그렇게 1년여의 시간이 흘렀고, 아무래도 이상했던 저는 의사에게 다른 병원으로 가보겠다고 하니 그동안 협력진료를 했던 일신병원 의사에게 가보라고 하였습니다. 대학병원에서 더 작은 병원으로 옮겨간 셈입니다. 일신병원에서는 아이의 간수치와 진료 차트를 보더니 '근육병'일수도 있다는 생소한 병명을 이야기해주었습니다. 그러면서 큰 병원으로 가서 종합검사를 받아보라고 하였습니다. 그때까지 저는 들어보지도 못한 병이라 그 병이 아닐 거라고, 설마설마 하였습니다. 큰 병원으로 가라고 할 때 고민했습니다. 서울로 가서 받을 것인지 부산에서 받을 것인지를. 그 당시 어린 하율이를 데리고 서울로 가서 병원을 왔다 갔다 하기에는 많은 어려움이 있었고, 치료를 계속해야 한다면 부산이 편할 거라 생각하고 양산 부산대병원으로 가서 진료를 받았습니다. 의사는 아무래도 근육병인 것 같다고 하였습니다. 그때부터 각종 검사를 하기 시작했습니다. 유전자검사, 피검사, 근전도검사, 조직검사…. 모든 검사에 검사가 이어졌습니다. 너무도 힘들었던 하루하루였고, 매일 밤 눈물이 쏟아지는 하루하루였습니다. 내 마음에는 계속해서 '하나님, 제발 근육병이 아니게 해 주세요. 검사가 잘못된 거겠죠? 제발이요.'라는 울부짖는 기도가 이어졌습니다. 검사결과가 나오기까지 2~3주의 시간이 걸렸고, 그 피 말리는 시간 동안에도 제발 아니게 해 달라는 기도가 이어졌습니다. 근육병을 검색해 보고, 그 심각한 병의 증세들을 보면 잠을 이룰 수가 없었습니다. 계속 기도하던 중 친정어머니께서 "아니게 해달라고 기도할 것이 아니라 모든 것을 주관하시는 이는 주님이시니, 내게 주어지는 이 모든 것을 감당 할 수 있게 해 달라고 기도해 보자."고 하셨습니다. 처음에는 어려웠지만 그것을 놓고 기도하게 되었고, 많은 분들도 중보 기도해 주셨습니다. 마침내 근육병임이 밝혀졌을 때 감사하게도 수긍이 되었습니다.

병원에서는 이 병은 현대 의학으로는 치료방법이 없고, 할 수 있는 것이라고는 스테로이드제 약을 먹어서 근육이 손실되는 시간을 늦추는 것밖에 없다고 했습니다. 근육병은 종류가 많은데 그 중에서 어릴 때 발병해 20세 전후를 넘기기 힘든 '듀센형 근이영양증'이라는 진단이 내려졌습니다. 하루하루 눈물로 지새고 있을 때 하율이 아빠의 지인으로부터 근육병을 낫게 한 사모님이 있고, 교회가 있다는 이야기를 들었습니다. '대망교회?' 처음에는 '교회이름이 이상한데?'라는 생각도 들었지만, 그때는 뭐든지 간절했습니다. 교회이름 하나만 듣고 아무것도 모른 채 네비게이션을 켜고 목요치유집회에 참석하게 되었습니다. 남편의 차를 타고 가다 사소한 말다툼이 있어서 차를 돌릴 뻔했지만 하나님 은혜로 무사히 대망교회에 도착했습니다. 교회 문을 열고 들어섰을 때 너무나 뜨거운 찬양의 열기 때문에 잘못 온 것 같다는 생각과 함께 '이상한 곳 아닐까?'하는 생각이 들었습니다. '그래도 왔으니 앉아보자.'하고 자리에 앉아 찬양을 하는 순간 모든 것을 다 내려놓고 펑펑 울게 되었습니다. 내 마음이 치유되는 느낌이었습니다. 아니 그 시간에 주님께서 저의 마음을 어루만지시고 치유해 주셨습니다. 오는 길에 사모님 책을 사와서 밤을 새서 읽고 펑펑 울었습니다. 정말 귀한 분이구나. 하나님 감사합니다.

다녀 온 후 알고 보니 대망교회에는 친정어머니의 10년 지인이 계셨고, 그분의 도움으로 주일에 사모님과 상담을 하게 되었습니다. 사모님께서는 이 병의 심각성과 구체적인 증상을 다 알고 계셨습니다. 저의 두 눈을 빤히 쳐다보시고는(조금 두렵고 떨렸습니다) "이 병은 엄마, 아빠가 먼저 인정을 해야 됩니다. 근육병인 것을 인정하고 나아가야 합니다."라고 말씀하셨습니다. 그때까지도 '아닐 거야. 나는 아닐 거야. 뭔가 잘못 되었을 거야.'라는 생각을 가지고 있었던 것을 꿰뚫어 보신 것이었습니다. 그래도 아이가 어릴 때 알게 되어서 얼마나 다행이냐고, 원래 이 병은 증세가 심하게 나타나고 아는 경우가 대부분이라고 하시며 함께 기도해 보자고 하셨습니다. 그 뒤로 많은 우여곡절 끝에 두 달 만에 대망교회로 오게 되었고, 저의 신앙생활은 다시 힘을 얻게 되었습니다. 몸이 힘드니 조금만 자기 몸에 닿아도 짜증을 내고 울던 하율이가 안정되어 갔습니다. 앉았다 일어설 때 나이 많은 할아버지처럼 끙끙대고 일어나던 것이 쉽게 앉고 일어서게 되었고, 계단을 못 올라가던 아이가 계단을 올라가게 되었습니다. 무엇보다 아이가 사모님 안수를 받을 때 울면서도 땀을 뻘뻘 흘리며 참고 받는 것이었습니다. 안수를 받고 나면 움직임이 훨씬 가벼워졌고, 뭉친 근육들이 부드러워졌습니다. 눈치를 보며 틈이 날 때마다 하율이 손을 잡고 사모님 앞을 왔다 갔다 하며 안수를 받았습니다. 매일매일 좋아졌고, 몸이 가벼워지는 것을 느끼는 하율이는 매일매일 대망교회 가자고, 가자고 노래를 불렀습니다. 웃고 있어도 웃는 게 아니었던 고통스러운 저의 마음도 치유집회를 통해 많이 어루만져지고 치유 받게 되었습니다. 저도 하나님의 은혜가 아니었다면, 사모님을 만나지 못했더라면 우울증으로 얼마나 고통을 받고 있을까요?

그러던 중 대망교회가 서울에 지교회를 개척할 뜻을 가지고 나아가고 있었습니다. 저희 가족은 가고 싶은 마음은 있었지만 여건상 갈 수 없었습니다. 남편 직장도 있고, 내가 평생 살았던 부산을 떠날 수 없다고 생각했고, 하율이만 데리고 서울 부산을 왔다 갔다 하면서 치유집회에 참석해야겠다고 생각했습니다. 교회는 큰 뜻을 품고 나아가는데 거기에 합류할 수 없다는 생각에 너무 외로웠고 힘들었습니다. 오랜 고민 끝에 남편이 우리도 서울로 가자고 이야기를 했습니다. 일단 서울 쪽에 직장을 구해보는데 시간이 오래 걸릴 것 같으니 저랑 하율이가 먼저 서울로 가 있으라고 하였습니다. 처음 대망교회를 오고 교회 근처로 이사를 오고 싶어서 집을 내놓았지만, 6개월 넘게 집이 팔리지 않았습니다. 그런데 서울로 갈 생각을 하고 집을 다시 내어놓자 금방 집이 나갔고, 급하게 서울로 올라와 집을 구하던 중에 시세보다 낮은 금액으로 좋은 집을 구할 수 있게 되었습니다. 뿐만 아니라 돈을 만들려면 시간이 필요했는데 집주인이 먼저 전세금을 나가는 사람에게 주고 나중에 우리가 오면 받겠다고 양해도 해주셨습니다. 남편의 직장도 이사를 하고 2주 만에 정해져서 가족이 함께 서울에 정착하게 되었습니다. 그것도 교회에서 200미터 정도 거리에 있는 집에서 말입니다. 대망교회와 우리 가정을 서울까지 인도하신 하나님의 크신 은혜가 너무 놀라웠습니다. 그리고 하율이는 부산에서 의사의 추천서를 받아 서울대병원에서 진료를 받게 되었습니다. 서울과 부산의 의료 차이는 컸습니다. 피검사 하나로 다 된다며 200만 원짜리 검사를 하였습니다. 그러나 서울이라고 해서 다른 점은 없었습니다. 그저 정기검사와 근육이 소실되는 속도를 늦춰주는 스테로이드제 약 복용…. 똑같았습니다. 다른 게 있다면 더욱 뜨거워진 금요치유집회였습니다.

아이는 본인이 아프면 기도하고 사모님한테 가자고 합니다. 트램폴린에서 방방 뛰는 방방장에서도 발목으로만 살짝살짝 뛰던 아이가 무릎을 굽히며 신나게 뜁니다. 얼마 전 높은 곳에서 뛰어내리다 발목이 접질려 뼈에 금이 가 반 깁스를 하게 되었습니다. 가볍게 생각하고 깁스를 했는데 서울대병원에서는 난리가 났습니다. 근육병 걸린 아이들은 깁스 같은 거 하면 긴장된다고 당장 한 달 뒤에 또 오라고 하였습니다. 그 다음날 수요예배에 갔더니 사모님께서 하율이 왜 깁스했냐며 "깁스하면 안 좋은데?"라고 말씀하셨습니다. 그리고 예배 후 "사모님, 하율이 내일 유치원 어떻게 할까요?"하고 물어보니 깁스를 풀어보라고 하셨습니다. 딱 보시더니 "금이 세 개네? 두 개는 살짝 실금이고 한 개만 조금 금이 갔다."고 하시며 한참을 만져주셨습니다. 그러더니 "하율아, 걸어봐" 하셨습니다. 놀랍게도 아이가 성큼성큼 걸었습니다. "아프니?"하고 물어보시니 하율이가 눈을 동그랗게 뜨며 깜짝 놀란 듯이 말하였습니다. "안 아파요." 그날 바로 하율이는 풀어버린 반 깁스를 장난감 칼처럼 들고 장난을 치며 걸어 다녔습니다.

하율이는 현재 일곱 살입니다. 남자아이답게 뛰어 노는 것을 좋아하고, 위험한 행동도 하고, "엄마, 나는 왜 친구들처럼 미끄

럼틀 거꾸로 못 올라가? 계속 뛰고 싶은데 자꾸 넘어져?"라고 이야기하며 울기도 합니다. 그러면 저는 이야기합니다. "하율아, 하나님께서 너를 정말 사랑하셔서 원래는 걷기도 힘든데 이렇게 걷게 해주시고 뛰게도 해주시는 거야. 우리 감사하자." 뒤돌아서서 눈물이 나지만 이런 말을 해줄 수 있게끔 용기를 주시는 하나님 은혜에 감사드리게 됩니다. 치유집회를 통해 제 마음이 치유 받지 못했다면 지금쯤 몸과 마음이 피폐해져 우울증에 시달리며, 하루하루를 고통 속에 살고 있을 것입니다. 하율이의 근육병은 성장을 하면 할수록 병의 증세가 악화되어 심장, 폐 등 근육으로 이루어진 모든 장기들이 제 기능을 못하게 되고, 인공호흡기로 생명을 연장하다 대부분 20세 전후로 사망하는 병입니다.

2016년 4월 12일이 최근에 병원을 다녀온 날입니다. 그날은 병원에 다니는 5년 동안 들어본 적 없었던 말을 들었습니다. 의사선생님이 차트를 유심히 보더니 만 5세인데 이 정도면 아주 양호하다고 하시며 "애는 듀센형이 아니고 베커형 같은데?"라고 말씀했습니다. 같은 근육병이지만 베커형은 증상이 비교적 늦게 10대부터 나타나고, 병의 진행이 느려 듀센형보다는 더 오래 30세 넘게도 살 수 있는 병입니다. 그래서 제가 물었습니다.

"교수님, 베커형 근육병인데도 증세가 어릴 때 나타나는 경우가 있나요?" 그랬더니 "음, 그러니까 듀센형과 베커형의 중간쯤인 것 같은데…"라며 애매한 대답을 하셨습니다. 사람의 지식과 의학으로는 이해할 수 없고, 설명할 수조차 없었을 것입니다. 정말로 크신 하나님의 능력과 은혜와 기적입니다. 생명의 주관자이신 능력의 하나님께서 사모님을 통해 하율이의 병을 치유해 주시고, 생명까지 연장시켜 주십니다. 감히 누릴 수 없는 은혜와 복을 누리게 해 주십니다. 주님, 감사합니다. 감사합니다. 늘 헌신하시며, 생명 내어놓고 기도하시는 사모님과 목사님께도 정말 감사드립니다. 주님께서 연장해 주시는 하율이의 생명이 하나님 뜻에 맞게 귀하게 쓰일 줄 믿고 감사함으로 기도하며 나아갑니다.

깨끗한 그릇으로
빚으셔서 쓰시는 하나님

✝

윤용식 안수집사

저의 꿈은 교수가 되는 것이었습니다. 공부가 좋았고 실력 있는 교수가 되어서 학생들에게 많은 도전을 주고, 인생의 가장 중요한 것도 함께 전할 수 있는 사람이 되길 원했습니다. 제가 실력 있고 인정을 받는다면 전도도 잘 될 것이라 생각했습니다. 수련의로 병원에서 수련을 받던 도중 몸이 감당할 수 없을 만큼 피곤해져 왔습니다. 수련의로 들어오기 전 '만성 활동성 B형 간염'이 있다는 것을 신검을 통해 알았지만 병원 측에서는 저를 받아주었습니다. 성적우수자에다 교수요원으로 이미 진로를 결정하였기 때문인 것 같았습니다. 회진 중에도 환자 옆에서 나도 모르게 잠들 만큼 건강이 좋지 않았습니다. 마침 아는 의사선생님이 계셨는데 이런 상황을 들으시고는 조직검사를 받아보자는 말에 조직검사를 받게 되었습니다. 결과는 간경화가 너무 급속도로 진행되고 있기 때문에 모든 것을 내려놓고 쉬라는 청천벽력과도 같은 것이었습니다. 순간 앞으로 내 꿈을 이루지 못할 수도 있겠다는 허탈함이 밀려왔습니다. 그런데 이상하게도 내가 죽을 것이라는 생각은 전혀 들지 않았습니다. 병원에서는 지금으로써는 어쩔 수 없기 때문에 좋은 약이 나올 때까지 기다리라는 말을 하였습니다. 치료제가 없다는 말이었습니다. 한의계의 거두를 찾았습니다. 잠시 몸이 좋아지는 것 같았지만 그 이상은 힘들었습니다. 시간이 흐를수록 체력도 삶의 질도 바닥으로 떨어졌습니다. 잠시 집 앞 가게에 다녀 오고나면 하루 종일 누워서 가쁜 숨을 몰아쉬며 누워있어야 했습니다. 얼굴에 윤기가 없어서 어머니 콜드크림을 얼굴에 떡칠을 해도 광택이 나지 않을 정도로 시커먼 얼굴이 되었습니다. 어머니는 아침저녁으로 식사 때마다 최고급 소고기에 붕어 고은 물, 녹즙 등 수 개월간 식재료로 수 천만원의 돈을 쓰셨습니다. 살은 올랐지만 간에서 오는 깊은 피로함과 뻐근함은 그대로였습니다.

그때 평생의 반려자인 아내를 만나게 되었습니다. 웃는 얼굴이 아름다웠던 아내는 저의 병든 모습과 한의사라는 것은 보지 않고 믿음으로 결혼을 하였습니다. "저는 하나님께서 앞으로 크게 쓰실 사람입니다."라는 소개의 말에 큰 인상을 받았다고 하였습니다. 집안의 극심한 반대가 있었습니다. 하나님을 믿지 않는 양가 부모님은 사주팔자 상으로 절대 결혼해서는 안 된다고 하셨습니다. 극심한 반대에도 불구하고 믿음으로 결혼한 후 마음의 안정은 있었지만 건강은 나아질 기미가 보이지 않았습니다. 당시 저는 가장이었지만 건강이 좋지 않아서 3개월 일하고 3개월 까먹기를 반복했습니다. 건강이 좋지 않으니 짜증이 자꾸 올라왔고, 부부 사이에도 여러 가지 어려움이 생겨나기 시작했습니다.

지금 대망교회에서 같이 생활하고 있는 이일천 집사님으로부터 연락이 왔습니다. 거제도에 가면 능력자이신 사모님을 만날 수 있으니 가서 안수를 받아보라고 하였습니다. 안수라는 말에 거부감이 왔습니다. 지금까지 안수를 받아본 적도 없었고 어감이 이상하게 느껴져서 마음이 닫혔습니다. 거절을 하였습니다. 분명 한의학으로 치료가 될 것으로 확신하였습니다. 그렇게 시간이 또 흘러갔습니다. 어느 순간이 되니 '이러다가 사람이 죽는구나.'는 생각이 들었습니다. 그때 하나님께서 이일천 집사님을 통해 다시 은혜의 손길을 제게 내밀어 주셨습니다. 생사의 갈림길에 선 저는 거제도로 발걸음을 옮겼습니다.

첫 대면에서 사모님께서는 저에게 "무엇 때문에 오셨나요?" 라며 웃는 얼굴로 물으셨습니다. 저는 어쩔 줄 몰라서 간이 좋지 않아서 왔다고 말씀을 드렸습니다. 제 인생을 바꿔놓은 사모님과의 역사적인 만남이었습니다. 사모님께서는 저를 안수하시며 하나님께 모든 것을 맡기라고 하셨습니다. 성격이 깐깐한 데다가 병든 간으로 인해 짜증도 더 내고, 매사가 자기중심적이었던 저를 다 아시는 것 같았습니다. 사모님의 안수하시는 손이 제 간

부위를 스치고 지나갈 때 몸에 아주 맑은 산소가 공급되는 것 같이 편안해졌습니다. 피로감이 싹 가시고 깊은 숨이 쉬어지고 개운하였습니다. 사모님은 제게 처방을 주겠다면서 잘 지키라고 웃으시며 말씀하셨습니다. 한의사였던 저는 무슨 대단한 처방을 생각했습니다. 그런데 주신 처방은 "말씀 많이 보시고 기도 많이 하시고 찬양할 때 손뼉을 크게 치세요."였습니다. 말도 안 되는 처방인데 하나님께 더 가까이 나아갈 수 있는 처방이었고, 제 마음속에 간절함을 일으키고, 세상의 것이 아닌 하나님으로 채우는 실로 최고의 처방이었습니다. 말씀 한 장을 읽는데 하루가 흘러갈 정도였습니다. 몇 번의 안수에 얼굴에 생기가 돌았습니다. 부산에서 거제도까지 주말마다 안수를 받기 위해서 다녔습니다. 갈 때는 피곤해도 올 때는 한결 나아져서 돌아오기를 반복하였습니다. 사모님은 거제도에서 부산으로 전화도 주시며 안부도 물어주시고, 권면과 격려와 사랑도 아끼지 않으셨습니다. 3년 정도 안수를 받으라고 하셨는데 8개월째 되니 거의 다 나은 몸이 되었습니다. 병원에서 검사를 하니 정상이었습니다. 집안에 고모님과 삼촌이 다 간암과 간 경화로 세상을 떠나셨습니다. 태어난 첫 아들인 성연이도 사람의 눈으로는 알 수 없었지만 사모님께서는 조금만 늦게 만났더라면 간병이 자리를 잡았겠다며 안수를 해주셨습니다. 성격이 뭐 같은 저를 간병하느라, 제 성격을 맞추느라 힘들었던 아내도 사모님을 통해 은혜를 받고 새 힘을 얻어 갔습니다. 거제도에서 지금의 목사님을 만나게 되었습니다. 당시 전도사님이었던 목사님과 대화하며 많은 유익을 얻었습니다. 그리고 하나님을 향한 꿈과 한 번 사는 인생을 어떻게 살아야 하는지를 깊이 생각하게 되었습니다.

　얼마 뒤 목사님과 사모님께서는 서울의 큰 교회의 초청을 뒤로 하시고 하나님의 인도하심을 따라 부산으로 개척을 오시게 되었습니다. '한 번 사는 인생에 이런 일을 만나는 사람이 과연 몇일까?'를 생각해 보면, 참으로 대박 난 인생이 된 것입니다. 미국과 세계 곳곳에서 집회 때마다 하나님의 능력과 이적이 나타나 수많은 사람들이 만나기를 원했던 사모님, 그 손을 한 번만이라도 잡아 보기를 원했던 사모님을 곁에서 모실 수 있게 된 것은 일생일대의 행운이고 은혜였습니다. 사모님의 주치의가 되기를 간절히 소망하였습니다. 부산 화명동에 대망교회가 세워졌습니다. 하나님께서 주신 은혜와 감동을 따라 헌신하며 대망교회의 개척에 동참하는 은혜와 영광을 얻게 되었습니다. 터만 닦인 교회 터에 새벽에 나아가 목사님과 같이 무릎을 꿇고 새벽기도를 하였습니다. 세계에서 가장 영향력 있는 교회가 되게 하옵소서. 세계에서 가장 큰 사역을 감당하는 우리 목사님이 되게 해 달라고 기도를 하였습니다. 목사님의 은혜롭고 깊은 말씀을 들으며 영적으로 성장해갔습니다. 사모님께서는 개인적으로 안수를 해주실 때나 여러 집사님들과 같이 말씀을 나누실 때면 각 가정에서 일어나고 있는 일들과 대화내용들을 한 번씩 말씀해 주셨습니다. 그러면 당사자들은 입을 떡 벌리고 다물지 못했습니다. 자기들만 나

눈 대화의 내용과 자기 집에 CCTV가 달려있지 않는 한 누구도 알 수 없는 일들을 사모님께서 그대로 말씀하셨기 때문입니다. 너무도 신기하고 재미있었고 또 하나님의 능력이 어떠한지를 맛볼 수 있었습니다.

사모님을 통해 하나님을 더 깊이 알아가고 건강이 회복되어 감에 따라 하나님께 기도하고픈 소원이 많이 생겼습니다. 이전부터 방언을 하는 사람들을 보면 그렇게 부러울 수가 없었습니다. 때마침 사모님께서 마산 제일문창교회에서 집회를 하신다는 소식을 듣고 사모하는 심령으로 집회에 참석하였습니다. 교회당을 꽉 매운 성도들 중에서도 저를 눈여겨 봐주셨습니다. 성회 마지막 날, 방언을 받고 싶은 분들은 두 손을 모으고 "주여"를 크게 외치며 십자가를 생각하라고 하셨습니다. 속에서 기대가 만발하였습니다. 한참을 기도해도 사모님의 안수의 손길이 제게 임하지 않았습니다. 평소 기도생활이 거의 없었던 저는 힘을 다해 "주여"를 외치며 방언이 터지기를 기다렸습니다. 한참이 지나도 안수의 차례가 오지 않았습니다. 아랫배가 당기고 힘이 빠져 목소리가 기어들어가기 시작했습니다. 그때 사모님의 손이 1초의 순간에 제 머리를 툭 치고 지나갔습니다. 방언이 나올 것이라 기대했지만 방언이 나오지 않고 익숙한 한국말만 계속 나왔습니다. 집에 돌아오는 길에 실망이 이만저만이 아니었습니다. 그 주에 안수 받으러 거제도에 갔을 때 사모님께서 저에게 방언을 잘하더라고 말씀하셨습니다. 저는 "방언을 안 하는데요?" 했지만 너무 유창한 방언의 영이 임했다고 하시며 그날 밤 금요철야 때 잘 경험해보라고 하셨습니다. 금요철야 때 부르짖어 기도하는데 혀가 돌아가며 그토록 고대했던 방언이 술술 흘러나오기 시작하였습니다. 사모님께서는 하나님의 영이 제게 임하시는 것을 다 보신 것입니다. 이후 제 기도생활의 차원이 바뀌기 시작했습니다. 출근길에나 길을 걸을 때나 방언이 계속 흘러나왔습니다. 때로는 중국어가 나오고 일본어가 나오기도 하고, 혀가 쭉 빠져서 들어갈 생각을 않을 때도 있고, 각 나라 언어가 때를 따라 나오며 방언이 더욱 유창하게 바뀌기 시작했습니다. 기도가 재미있고 더 기도하고 싶고 하나님을 가까이 대하는 것 같았습니다.

건강이 회복되고 교회건물이 세워지자 교회 근처로 이사를 했습니다. 그리고 부산 화명동에 영생한의원을 개원하였습니다. 밤마다 온 성도를 위해 기도하시고 낮에는 교회 일로 또 성도들을 심방하시느라 너무도 지치신 사모님께서 한의원에 치료를 받으러 오셨습니다. 마음이 참 아팠습니다. 그때 사모님께 제가 거제도에 다닐 당시 저를 안수하시면 사모님 몸이 너무 아프셨다는 말씀을 전해 듣게 되었습니다. 강직성 척추염으로 죽을 수밖에 없었던 목사님을 위해 생명을 걸고 안수하셨던 것처럼 저를 위해서도 사모님의 생명을 걸고 안수를 해주셨다고 하셨습니다. 몸 둘 바를 몰랐습니다. 안수를 하시면 환자의 아픈 것이 사모님

몸에 전해지고 환자의 몸에는 사모님의 건강이 임하여 낫게 된다는 것을 처음 알게 되었습니다. 안수를 통해 살아난 저로서는 너무 황송했습니다. 얼마나 체력이 떨어지셨던지 제가 옆으로 비켜나도 시선이 조금 전 장소에 머물러 있었습니다. 눈물이 흘렀습니다. 더군다나 제 병든 간을 위해서 간이식을 하기로 결정하였다고 하셨습니다. 10가지 중 7가지가 맞으면 간이식을 할 수 있는데 다행히 하나님께서 사모님을 보호하시고, 간이식을 못하도록 상황을 바꾸셔서 간이식을 하지 않아도 되었다는 것이었습니다. 여태껏 신앙생활을 하면서 저는 사랑이라는 말을 많이 들어보았지만 이 한 마디에 마음이 완전히 녹아내렸습니다. 눈물이 그냥 주르륵주르륵 흘러내렸습니다. 자기 식구일지라도 이런 기이한 사랑을 하기가 힘든데 만난 지 며칠밖에 되지 않은 생면부지의 사람을 위해 어떻게 그 고귀한 사랑을 할 수 있단 말입니까? 다 죽어가는 사람을 위해 생명을 거시고, 귀한 안수를 해주실 가치도 없는 자에게 이토록 큰 사랑을 보여주시다니요. 제 영혼 속에 하나님의 사랑이 깊이 뿌리를 내렸습니다. 그리고 사모님을 향한 경외심과 사랑도 더 깊이 뿌리를 내렸습니다. 하나님을 향한 믿음도 견고하게 뿌리를 내렸습니다. 인생의 어떤 순간이 와도 오직 하나님의 영광을 위해 살겠노라, 제게 주신 모든 삶의 자원을 가지고 하나님 나라와 역사를 위해 헌신하겠다는 각오를 다졌습니다.

저는 참으로 모가 많이 난 사람이었습니다. 말도 직선적이고 품어내는 사랑도 없고 이기적이고 사랑을 하는 것이 어떤 것인지를 모르는 구제불능의 사람이었습니다. 이런 저를 옆에서 묵묵히 맞춰주고 섬겨주는 아내는 저로 인해 마음에 많은 상처를 받았고 아픔을 겪기도 했습니다. 하나님께서는 사모님을 통해서 이런 저의 모습에 대수술을 하시기 시작하셨습니다. 눈물이 쏙 빠질 만큼 책망과 훈계를 듣기도 하고, 젖먹이 어린아이를 달래듯이 권면을 받기도 하고, 반복되는 죄와 허물 앞에서는 알면서도 모른 척 참아주시고 밤새워 기도하시는 사모님의 사랑과 헌신으로 인해 제 삶에는 큰 변화가 일어나기 시작했습니다. 새벽기도를 매일 나오고자 몸부림치게 되었고, TV가 좋았지만 캄캄한 밤에 기도하러 교회당을 찾게 되었습니다. 말씀을 갈급해하고 사모하는 심정이 나날이 더해 갔습니다. 매주 듣는 목사님의 말씀이 얼마나 은혜로운지 제 영혼 속에 쏙쏙 빨려들어 왔습니다. 말씀이 제 속에 이리저리 운동하며 탄식하게 하고 더러운 것을 내뱉게 하며 영적 싸움을 싸우게 하였습니다. 특히 사모님의 안수자리는 가까이 갈수 없는 자리였습니다. 속에 조그마한 죄악이라도 있으면 얼마나 그 자리가 부담되는지 가까이 가기가 죽기보다 싫을 정도였습니다. 그럼에도 맡겨 주신 사명인지라 사모님 옆에서 안수 받는 사람들과 그 시간을 위해 찬양을 부르며 인도할 때 하나님께서는 제 속의 죄악 된 자아를 보게 하셨고 변화와 성장에 대한 갈망으로 몸부림치게 하셨습니다.

세계적인 능력, 아니 유일하리만큼 하나님의 크신 능력을 받은 사모님을 가까이서 모시고 섬기고 신앙생활을 하니 한의원도 아주 잘 될 것이라는 인간적인 생각이 있었습니다. 하나님께서 은혜만 주신다면 얼마든지 헌신할 수 있는 준비가 된 줄 알았습니다. 그러나 하나님은 중심을 보시는 분이셨습니다. 제 속에 하나님 제일주의가 100%가 될 때까지 인생의 문을 열어주시지 않으셨습니다. 세상에서 갖고 싶은 것들, 이루고 싶은 꿈, 물질로 인해 부요하고자 하는 마음, 은혜로 받은 물질을 마치 내 것인 양 내가 하나님께 선심 쓰듯 드리는 교만한 마음이 티끌조차 없어지기까지 불과 같은 혹독한 연단을 하셨습니다. 처음에는 경기 탓, 마케팅을 못하는 실력 탓, 진료 잘 하지 못하는 제 탓을 하였지만 큰 인생의 틀에서 하나님께서는 제 인생을 정금처럼 빚어 가시기에 에누리 없는 작업을 하셨습니다. 사모님께서는 저를 위해 기도하실 때 죽지 않을 만큼만 채워달라고 기도하신다고 하셨습니다. 이 기도가 못내 아쉬웠고 때로는 서운했습니다. 그러나 변화되지 못한 자에게 주시는 복은 복이 아니라 독약임을 목사님과 사모님께서는 누구보다 잘 아셨기에 양이 물질문제로, 인생의 문제로 쩔쩔매며 힘들어 할지라도 눈물의 기도로서 도우시며 하나님의 뜻이 이루어지기를 기다리셨습니다. 저는 교만이란 숨겨진 마음의 교만이 하나님 앞에 구체적인 사건으로 드러나는 것인 줄 알았습니다. 죄의 결과로 드러나야 교만인줄 알았습니다. 그러나 하나님께서는 교만의 뿌리는 다름 아닌 하나님 제일

주의가 아닌데서 오는 것임을 알게 해 주셨습니다. 물질의 복을 받으면 내가 하나님과 교회를 위해 이러이러할 텐데, 물질의 복을 받으면 내가 더 잘 섬길 텐데, 내가, 내가…. '내'가 문제였습니다. '내'가 내 속에 자리 잡고 있는 것은 하나님을 만홀히 여기는 것이었습니다. 은혜를 한참 받고 뜨거울 때는 이 정도면 열어주셔도 되지 않을까 했지만 그것도 교만이고 자아가 살아있는 것이었습니다. 사모님께서는 자아를 죽이라고 하셨지만 그게 말처럼 쉬운 것이 아니었습니다. 자아는 어찌할 수 없는 난공불락의 불사신처럼 보였습니다. 숨을 쉴 수 없을 정도의 연단이 계속되었습니다. 빚은 조금씩 늘어갔고 현금의 흐름은 막혔고 어디에서 손을 써야 할 줄 모르는 사방이 꽉 막힌 단계에 접어들자 원망이 심하게 나왔고 낙심과 절망으로 하루하루를 지냈습니다.

그러던 중 막내딸인 넷째 고은이가 태어났습니다. 임신 2개월째 아이들과 롯데월드로 놀러갔다가 아내가 배가 많이 아프다고 하였습니다. 집에 돌아와 병원에 진료를 받으러 갔는데 태반안정 주사를 맞으라고 한다며 전화가 왔습니다. 주사를 맞으면 필히 뱃속아이에게 이상한 일이 일어날 것 같아 어떤 주사도 맞지 말고 그냥 오라고 했습니다. 하지만 담당 의사는 주사를 맞지 않을 거면 진료를 더 이상 해줄 수 없다고 하여 아내는 어쩔 수 없이 주사를 맞고 나왔습니다. 그날부터 일주일간 심한 구역질과 메슥거림이 계속되었습니다. 예감이 좋지 않았습니다. 출산 때 고은이가 태어났는데 병원에 가니 아이가 '구개열'이라고 했습니다.

입천장이 없어서 젖을 빨 수가 없었습니다. 퉁퉁 불은 젖을 손으로 짜서 숟가락에 담아서 입에 떠 넣는 것도 한 두 번이지 아이는 젖을 달라고 보채고 빨 수는 없고 정말 난감한 상황이었습니다. 문제가 이것만이라면 다행인데 더 큰 문제가 있었습니다. 옷을 갈아입히려고 보니 갓난아기의 그 작은 가슴이 3cm가량 호흡을 할 때마다 푹푹 꺼져 들어가고, 어른이 코고는 소리마냥 거친 숨을 쉬는 것이었습니다. 가슴 앞에 있는 흉골이 거의 없다시피 태어난 것이었습니다. 태어난 고은이는 사람의 형체는 있었지만 몸 여기저기 생기다 만 부분들이 있었고 비정상인 기능들이 많았습니다. 하루 수면시간이 3~4시간이었고 갈수록 체중이 줄어갔습니다. 고은이를 보는 사람들마다 아이가 정상적이지 않음을 한눈에 감지했습니다. 특히 눈동자가 간질환자처럼 휙휙 돌아가고 가슴이 호흡 때마다 푹푹 꺼져 들어가고 손가락이 비정상적으로 길고 숨이 거칠고 젖을 먹지도 못하고 보채니 아이가 태어난 기쁨은 순간이고 염려와 걱정이 찾아왔습니다. 처음에는 제 말을 듣지 않고 주사를 맞고 온 아내가 원망이 많이 되었습니다. 현실을 외면하고 싶었고 이런 상황을 받아들이기가 쉽지 않았습니다.

이런 저의 방황을 사모님은 보셨습니다. 자존심 강하고 이런 현실 앞에 믿음의 전진과 기도보다 오히려 퇴보를 염려하신 사모님께서는 제가 간이 나빠서 생명을 걸고 기도해 주실 때처럼 집으로 친히 오셔서 또 다시 생명을 담보로 고은이를 위해 특별히 안수 기도를 해주셨습니다. 처음 심방 오셔서 고은이의 눈을 만지시자 눈이 제자리를 찾는 것이 보였습니다. 가슴을 안수하시며 뼈를 만들어가기 시작하셨습니다. 제 눈으로 보고도 믿을 수 없는 일이 눈앞에서 벌어졌습니다. 이런 일은 직접 체험하지 않고서는 입으로 간증을 해도 사람들이 믿지 않을 것 같아 동영상을 찍어서 하나님의 능력과 사모님의 특별한 안수를 간증하기 위해 기록으로 남겨두었습니다. 고은이를 안수하시고 나면 사모님께서는 몸을 휘청거리셨습니다. 사모님 몸의 뼈 속에 있는 진액까지 고은이에게로 가기 때문이었습니다. 안수를 받아갈수록 푹푹 꺼져 들어가던 가슴이 점차 정도가 덜해지고 손으로 만져보면 딱딱한 것이 만져졌습니다. 거친 숨소리도 고운 숨소리로 변했고 잠도 깊이 들었습니다. 한 달 사이 눈 깜짝할 사이 고은이는 새사람이 되었습니다. 저희 부부가 한 것이라고는 어찌 할꼬 하며 근심 속에 잠든 것과 기도해야 하는데도 마음만 있을 뿐 정작 기도하지 않은 것이 전부였습니다. 그러나 사모님께서는 저희가 두 다리를 뻗고 잠을 자는 동안에도 밤을 새워 눈물로 간절히 기도해 주셨습니다. 사모님의 기도가 얼마나 능력이 있고 놀라운지 1년 안에 대부분이 죽고, 길어야 10년 정도 그것도 누워서 거동도 못하다가 죽을 운명의 아이가 너무나 예쁘고 은혜가 넘치는 아이가 되어 잘 자라게 되었습니다.

큰 사랑을 입고서 그 은혜를 몰라라 한다면 그것은 짐승이 아니라 바퀴벌레만도 못한 놈이라 생각되었습니다. 그렇게 큰 은혜를 체험하고 특별하신 사랑을 받았음에도 끝나지 않은 물질의 연단은 저를 어떻게 할 수 없는 인생의 구석으로 몰아붙였습니다. 속에서 '하나님, 나 큰 복을 바라지도 않아요. 이제 좀 끝내 주세요.'라는 말이 맴돌았지만 모든 인간적인 것과 교만과 돈이 돈으로 보이지 않을 때까지 하나님께서는 쉬지 않으셨습니다. 어떻게 할 수 없는 처지가 되었습니다. 새롭게 출발하고자 한의원을 매매로 내놓았지만 그마저도 언제 매매될지 모르는 하루하루 답답한 상황에 미칠 지경이었습니다. 그러던 중 서울로 대망교회가 올라오게 되었습니다. 저희도 같이 와야 했기에 이사를 했지만 저는 한의원이 매매가 되지 않아 1년을 서울 부산을 오가며 큰 금전적 손실을 봐야 했습니다. 우선 폐업을 하고서 서울에 올라와 한방병원에 취직을 했습니다. 몸은 서울로 올라왔지만 한의원 매매가 지지부진하고 물질문제로 인해 완전히 인생의 막다른 골목에 다다랐습니다. 그동안 제게 주신 축복의 말씀은 온데간데없었고 정말 내 하나님이 나와 함께 하시는가 의심스러웠습니다. 시험이 찾아왔습니다. 나름 믿음생활을 잘 한다고 했었는데 잘못된 믿음을 가지고 있었기에 하나님께서 제게 허락하신 인생의 시련 앞에 더 이상 믿음으로 싸울 힘이 없었습니다. 말씀이 귀에 들어오지 않고 오히려 이상하게 들렸고, "아멘" 해야 할 부분에 입술이 떨어지지가 않았습니다. 얼굴과 마음은 딱딱하게 굳어버렸고 삶에서 뒷걸음이 쳐졌습니다. 저를 심히 사랑하시기에 주시는 책망과 꾸지람을 들어도 화인 맞은 가슴이 되어 버렸고, 치유집회에 참석하는 것도 제발 일이 생겨서 못 가는 일이 생기도록 마음으로 바랄 정도였습니다. 제주도로 아예 이사를 가서 자연을 벗 삼아 편안하게 살고 싶었습니다. 유일한 낙은 몸은 피곤하였지만 교회 일도 잊을 수 있고 세상 일도 잊을 수 있는 정신없이 바쁜 병원생활이었습니다. 여러 한의사들과 함께할 수 있는 시간이 가장 행복했고 도피처가 되었습니다. 직분을 내려놓고 홀가분하게 모처럼 교회를 떠나서 생활하는 것이 기쁨이었습니다.

개척 때만 해도 수년 안에 빚을 갚고 하나님께서 복을 주시면 마음껏 헌신할 수 있겠다 생각했는데 이것도 교만이라고 사모님께서 말씀을 하셨습니다. 이해는 되는데 영접이 되지 않는 말씀이었습니다. 반발심도 생기고 짜증도 났습니다. 머리로는 알겠는데 삶에서는 할 수 있는 것이 아무것도 없었습니다. 그러나 굳어진 마음에 사랑으로 찔러 주시는 아픈 말씀들이 깊이 남았고 제 마음에 싹을 틔웠습니다. 무엇보다 지금까지 이렇게 저렇게 헌신했는데 왜 하나님께서 복을 주시지 않나 하는 잘못된 믿음, 자기의가 제 속에 자리 잡았기 때문에 이런 부분을 연단해 가시는 하나님을 붙들기가 참 어려웠습니다. 돈만 주시면 뭐든지 다 헌신하고 잘할 자신이 있는데 왜 주시지 않는지 이해가 되지 않아 속이 참 시끄러웠습니다. 한의원의 물질을 막으심으로 믿음의 뿌리부터 갈아엎으시는 연단의 손길 앞에 머릿속은 하얗게 되고 하루하루 인도하심을 따라 살 수밖에 없었습니다.

하나님은 살아계시며 말씀대로 이루시는 신실하신 분이십니다. 없는 것을 있는 것 같이 부르시는 분이시며 죽은 자와 방불한 자를 살리셔서 하늘의 별과 같이 쓰시는 분이십니다. 하나님께서는 저를 죽음의 문턱에서 겨우 숨 쉬는 자로 살게 하시면서 하나님 외에는 세상 그 어떤 것도 제 속에 남아 있지 않도록 불같은 연단을 주셨습니다. 저는 연약하고 넘어져도, 제가 가진 믿음마저 놓쳐버렸어도, 신실하신 하나님은 저를 향하신 계획과 뜻을 거두지 않으셨습니다. 하나님께서 쓰심에 합당하도록 정금 같은 믿음을 주시기 위해 아픈 사랑을 하셨습니다. 이 하나님의 손길 앞에 시험에 들어 믿음의 줄을 잠시 놓았지만 누구보다 더 애타하시고 마음 아파하시는 사모님께서는 밤을 지새우며 눈물로 기도해 주심으로 완전 산산조각 난 제 믿음을 온전히 회복시켜 주셨습니다. 한 사람을 놓고 중보기도 하기도 힘든데 온 교우들의 삶이 누가 봐도 걸작품으로 빚어지기까지 품어주시고 눈물로 기도해 주시는 사모님. 오직 이 기도 덕분에 저는 힘든 병원생활 속에서 힘들지 않게 생활했고 아무런 건더기가 없는 자였지만 직원들과 환자들에게 최고로 존경받는 자가 되었습니다. 병원에 없어서는 안 될 존재로 올려주셨습니다. 처음에는 일이 잘 풀린다 싶었고 내가 치료를 잘해서 그런가보다 생각했지만 시간이 흐를수록 제게 일어난 일들이 인간의 차원에서 이루어지는 일이 아님을 온 몸으로 느꼈고 사모님의 기도가 저의 온 삶을 덮고 있구나 체감하게 되었습니다. 8개월간의 바닥을 친 시험에 빠진 삶이 사모님의 끊임없는 기도 덕분에 서서히 회복되었고 영적으로 물이 오르기 시작했습니다. 하나님께서는 제 신앙의 차원을 높여주시는 징조가 있는 체험들을 허락하셨습니다.

2015년 사모님께서 인도하시는 신년부흥회 때였습니다. 집회 도중 눈을 뜨고 찬양을 하고 있는데 천사가 저의 두 팔을 잡고 천국으로 올라가는 것이었습니다. 그 다음 주 치유집회 때에는 역시 눈을 뜨고 찬양을 하고 있는데 예수님의 못 자국 난 손바닥 안으로 천국으로 통하는 다리가 놓인 것과 그 다리 밑으로 보혈이 흐르는 것을 보았습니다. 보혈이 허리 위 높이로 흐르고 있었는데 천국으로 통하는 다리로 건너갈까 하다 더러운 몸으로 갈수가 없다는 생각에 보혈의 강물에 그냥 뛰어들어 잠수를 했습니다. 예수님의 몸속을 한 바퀴 돌면 내 삶도 정결해지겠지 하는 생각에서였습니다. 그 뒤로 제 삶에 세상 것들이 사라지고 TV를 보고픈 욕구가 없어지고 하나님 생각이 많이 채워지게 되었습니다. 제 속에 자아가 죽어져 감과 동시에 한의원매매가 이루어졌습니다. 제 인생에 놀라운 손길을 펼치시는 하나님께서는 2015년 추계신앙부흥회 때는 목사님 말씀을 통해 세상적 믿음과 참 믿음을 빛과 어둠처럼 완전히 갈라놓으시고 정금 같은 믿음을 소유하도록 은혜를 주셨습니다. '비로소 연단의 끝이 왔구나.'하는 확신이 왔습니다. 세상의 믿음을 가졌기에 둘러둘러 인생을 살아온 것이 보였고 이제 여기가 끝이라는 연단의 마지막 이정표를 본 듯했습니다. 비로소 내속에 참 믿음만이, 하나님 제 일주의가 자리 잡았다는 확신으로 인해 날아갈 듯이 기뻤습니다. 두 번의 부흥회를 통해 주신 은혜로 인해 이후 예수님의 은혜를 생각하면 무덤덤한 제 영이 진료 중에도 울컥하며 눈물이 고이게 되었습니다.

놀라우신 하나님께서는 저를 더 크게 연단하시기 위해 직원 40명을 이끌며 이해하고 품고 조정하고 결단해야 하는 병원장의 위치에 세우셨습니다. 연약하고 소심하고 그릇이 작은 자를 하나님은 크신 뜻과 계획이 있으시기에 더 큰 책임감이 있는 자리에 세우신 것입니다. 위대하신 하나님 전능하신 하나님을 찬양하며 높이며 모든 영광을 내 아버지 하나님께 돌립니다. 저는 사모님과의 역사적인 만남으로부터 완전히 인생이 바뀌고 놀라운 인생이 되었습니다. 대망교회를 통해 하나님의 은혜와 능력을 수없이 체험하면서 하나님의 사람으로 빚어져가는 최고의 인생을 살아가고 있음을 인해 감사하게 됩니다. 자녀들도 믿음 안에서 아름답게 자라가고 가정이 믿음 안에서 화목하고 믿음 안에서 부요한 인생이 되었습니다.

365일 조금도 흐트러짐이 없는 사모님을 곁에서 섬기면서 이러한 분을 만나 양육 받는 것이 제 인생 최고의 행복이고 은혜임을 깨닫습니다. 하나님께서는 사모님을 통해 성경의 사도행전이 이제는 대망행전으로 버전이 업그레이드되게 하셔서 일하시고

계십니다. 제 인생이 다하는 날까지 예수님의 삶 그 자체를 보여
주시는 사모님의 삶을 잘 본받아 많은 영혼들을 살리고 세우는
데 쓰임받기를 기도합니다. 또한 목사님 사모님 곁에서 하나님
보시기에 가장 아름답고 은혜롭게 섬기는 가정이요 인생이 되기
를 기도합니다. 사모님, 생명 다해 사랑합니다. 하나님, 생명 다
해 사랑하고 감사합니다. 모든 영광과 높임을 홀로 받으시옵소
서. 할렐루야!

대망교회로 인도하신
하나님

✝

이근순 집사

    저는 경남 창녕 시골마을, 일가친지로 구성된 집성촌에서 태어나 우리나라 대부분의 마을과 같이 유교문화로 형성된 곳에서 자랐습니다. 마을에서 4㎞ 이내에는 교회가 없었기 때문에 당연히 교회에 대하여 아는 것이 없었습니다. 고등학교 때 성탄절 선물 준다기에 한 두 번 간 것이 전부였습니다. 교회 다니기 전까지 듣고, 보고, 배운 것은 대부분 유교와 관련된 것으로 풍수에 따라 산소를 좋은 곳에 쓰고, 잘 돌보고, 정성껏 제사 지내는 것이 효도라고 알고 있었습니다. 그런 까닭에 제사를 지내지 못하게 하는 기독교는 조상을 부인하는 종교로 인식되었습니다. 제가 사회생활을 하면서부터는 상대방을 잘 대해 주다가도 교회다닌다고 하면 괜히 미워하는 마음이 생겨 시비를 걸고 트집을 잡으며 괴롭히고는 하였습니다.

그러던 저에게 결혼한 지 5년이 지난 후, 1997년 1월 28일 큰 아들 재훈이가 태어났습니다. 그러나 기쁨과 행복도 잠시, 재훈이가 자라면서 아이들과 어울리지 않고 혼자 장난감에 몰두하며 노는 모습을 보였습니다. 주위 사람들로부터 이상하다는 이야기를 들을 때면 걱정도 되었지만 늦은 아이도 있으니 시간이 흐르면 괜찮을 거라고 마음을 다독였습니다. 그러다가 변화가 없어 병원을 찾아 검사를 하였는데 '자폐'라는 진단과 현대의학으로는 원인과 처방이 없다는 이야기를 듣게 되었습니다. 하필이면 저에게 이러한 일이 생겼는지 한숨만 나오고 어떻게 하면 좋을지 몰라 날마다 괴로움의 생활을 하였습니다,

그러나 아내는 갑상선기능저하증으로 몸이 불편함에도 불구하고 재훈이를 위해 24시간이 모자랄 정도로 여기저기 수소문하여 좋다는 곳은 다 찾아다녔습니다. 지푸라기라도 잡을 심정으로 병원, 언어치료실, 한의원 등을 찾아다니는 것이 생활이었습니다. 시골 부모님은 손자를 위해 무당을 찾아 굿도 하고, 절에 가서는 부처에게 빌기도 하는 등 온 가족이 재훈이의 치료를 위해 노력하였습니다. 그러나 저는 직장을 핑계로 아내에게 모든 것을 맡겨놓고 날마다 괴로움을 잊고자 세상의 쾌락을 의지하며 살았습니다. 그런 저의 모습이 안타까워 아내는 울면서 우리 재훈이를 위해 모두가 매달려 노력하고 있는데 아들이 불쌍하지도 않냐며, 함께 힘을 모아보자고 애절하게 호소하였습니다. 그럼에

도 제 귀에는 그 말이 귓가에만 맴돌 뿐 아무런 대안 없이 세월만 흘렀습니다.

그러던 어느 날 아내가 여러 곳을 다녀 보았지만 실망만 하였는데 대망교회 사모님을 뵙고 재훈이가 치유될 수 있다는 믿음과 확신을 갖게 되었다면서 함께 가보자고 이야기하였습니다. 순간 저는 감정이 폭발하여 하필이면 조상에게 제사도 지내지 않는 교회냐며 목숨 걸고 못 가니 혼자서 가든지 말든지 알아서 하라고 하였습니다. 이제부터는 아내와 자식도 필요 없고 오직 나 혼자라는 생각에 직장에서 승진하면 가능한 한 아주 먼 곳으로 부탁해서 발령을 받기로 하고 그때가 오기를 기다렸습니다. 주일이면 아내는 교회를 가고, 저는 일부러 절을 찾아가든지 아니면 운동을 핑계로 아침부터 집을 나갔습니다. 가장인 제가 가정보다는 밖의 생활이 많아지다 보니 아내는 혼자서 무거운 짐을 지고 힘든 나날을 보내야 했습니다.

그러던 중 저에게도 교회와 관련하여 사건들이 일어났습니다. 부끄러운 일들이지만 몇 가지만 돌이켜보겠습니다. 첫 번째, 이른 봄날 점심시간에 집에 왔는데 구역예배를 드리고 있어 중단시키고 교인들을 쫓아낸 것. 두 번째, 금곡동에 살 때 퇴근해 오니 이상한 느낌이 들어 아내에게 교인들이 왔다 갔는지 추궁하니 기도해주고 갔다기에 출입문 입구 벽면에 큼직하게 유성매직으로 "우리 집은 예배당이 아님. 교인은 출입금지"라고 쓴 것. 세 번째, 하루는 밤 11시경 집에 오니 아이들만 잠자고 아내는 보이지 않아 전화하니 교회에서 기도 한다기에 무슨 얼어 죽을 기도냐며 교회당을 부숴야겠다고 망치를 들고 교회를 찾아가 소동을 피웠던 일들이 있었습니다.

여러 가지 사건들로 인하여 대화도 거의 없고 적막한 날들을 보내고 있었던 어느 날이었습니다. 아내가 울면서 대망교회에 한 번만 가보자 정말 싫으면 앞으로 교회가지 않아도 된다며 너무도 애원하기에 죽은 사람 소원도 들어 주는데 한 번만 들어주겠다고 약속하고 2004년 이른 봄날 주일에 대망교회를 찾았습니다. 아내와 약속한 전날에도 술을 먹었는데 깨지 않아 오전 예배시간에는 못 가고 오후 예배시간에 참석하였습니다.

오후예배 드린 후 사모님께서 재훈이를 안수하시면서 온 가족이 예수님 믿고 매달리면 반드시 하나님께서 치료해 주실 텐데 부인과 아들만 교회에 보내 놓고 아들이 낫기를 바라느냐며 앞으로 아버지가 교회 오지 않으면 가족들도 나오지 못하게 할 테니 똑바로 하라고 호통을 치셨습니다. 그리고 저도 디스크가 있다고 하시면서 이왕에 왔으니 안수해 주시겠다고 하셨습니다. 주위 분들도 권유하였지만 빨리 자리를 뜨고 싶었기에 거절하고 집으로 돌아왔습니다.

며칠을 고민하다가 재훈이가 마음에 걸려 예배에 참석하기로 하고 주일이면 예배시간에 맞추어 뒷자리에 앉았습니다. 예배를 끝내고 나오면 목사님이 반갑게 인사를 하시기에 어쩔 수 없이 답례만 하고 다른 성도들과는 인사도 하지 않은 채 집으로 직행하였습니다. 그러나 마음이 콩밭에 있다 보니 얼마 지나지 않아 예배 참석하는 것을 그만두고 이전의 생활로 돌아갔습니다.

몇 달이 지난 후 아내로부터 재훈이가 사모님 안수를 받고 밤마다 이불에 오줌 싸는 일이 없어졌고, 본인도 갑상선병이 좋아졌다며 가족이 함께 신앙 생활하는 것이 소원이라고 말하였습니다. 그 말에 지난번 사모님이 호통을 치시던 모습이 떠올라 사모님 보기 싫어서 안 간다고 전하라며(지금 생각하면 간땡이가 부어도 한참 부었습니다), 나는 하나님도 필요 없고 다른 곳은 몰라도 교회만큼은 죽어도 가지 않을 것이고, 머지않아 승진 발령이 날 것이라며 큰소리를 쳤습니다. 그러나 어찌 된 일인지 승진이 물거품이 되었고 이로 인하여 마음에 상처를 입게 되었습니다. 직장에서도 상사와 동료들과 사이가 나빠졌습니다.

그런데도 하나님께서는 형편없는 저에게 은혜를 베푸시어 한 가지씩 정리해 주셨습니다. 저의 하루 일과는 직장에 출근과 동시에 동료들과 모여서 담배를 피우는 것으로 시작되었습니다. 하루에 두 갑 이상을 피웠습니다. 이런 담배를(정말 끊기 어렵습니다.) 저의 의지와는 상관없이 2007년 4월 중순에 끊게 되었습니다. 어느 순간부터 담배에 대한 생각이 사라졌고, 그냥 하루 이틀 몇 날이 지났는데도 금단현상 없이 자연스럽게 담배가 끊어졌습니다. 나중에 아내에게 들어보니 목사님과 사모님께 나를 위한 기도를 부탁드렸는데 그때부터 몇 년 동안 눈물로 기도해 주셨고 담배부터 끊게 되리라는 응답을 받으셨다고 하였습니다. 기분은 나쁘지 않았습니다. 그리고 지금도 생각하면 진짜 신기하고 감사할 뿐입니다.

2007년 연말 저녁 아내가 평소보다 진지하게 꼭하고 싶은 이야기가 있다면서 재훈이, 준성이의 장래를 위해서 함께 노력하자며 준성이가 형 때문에 마음의 상처를 받지 않도록 새벽기도회에 가면 좋겠다는 이야기를 하였습니다. 당신이 싫어하는 주일예배는 참석하지 않아도 된다는 말에 거부감 없이 새해부터 참석하기로 약속하고 2008년 1월 3일부터 새벽기도회에 참석하기 시작했습니다. 새벽기도회는 참석하고 있었지만 기도방법도 몰랐고 또한 세상의 즐거움에 벗어나지 못하였기에 평소와 같은 생활이 지속되면서 새벽에 일어나면 숙취가 남아있는 상태였습니다. 새벽기도회에 오시는 집사님들이 아내에게 남편이 새벽에 나오고부터 술 냄새 같은 이상한 냄새가 난다고 해서, 아내가 신랑이 술을 먹어서 나는 냄새라고 말하고 그래도 새벽마다 일어나 교회 나오니 감사하다고 하였다고 합니다.

그러다가 2008년 춘계신앙부흥회를 통해 하나님께서 저를 꼼짝 못 하게 하시는 사건이 일어났습니다. 새벽기도회에 나오던 중에 2월 중순경 강단에 『춘계심령부흥회 강사 홍예숙 사모님』 현수막이 붙어 있는 것을 보았습니다. 부흥회가 무엇인지 모르고 아무런 생각 없이 평소대로 새벽기도회에 참석했습니다. 그런데 사모님께서 부흥회 새벽기도회를 인도하시면서 저를 불러 세워 새벽기도회 열심히 나온다면서 칭찬해 주시고는 저녁 집회에도 참석하라고 말씀하셨습니다. 다른 말은 못하고 "예"라고 대답하였으나 이만저만 고민이 아니었습니다. 직장에 출근하여 하루 종일 고민하다가 약속을 지키기 위해 억지로 저녁집회에 참석을 하였습니다. 그런데 사모님께서 또 불러 세우시더니만 약속을 지켰다면서 부흥회 마지막까지 참석하라고 말씀하셨습니다. 마지 못해 또 "예"라고 대답하고 계속해서 부흥회에 참석을 하였는데 어떻게 표현할 수 없는 기쁨과 평온함을 느낄 수 있었습니다. 마지막 날 사모님께서 당장 새가족등록신청서를 작성하여 제출하고 목사님과 면담하고 주일예배에도 참석하라고 말씀하셨습니다. 성도님들이 좋아하는 모습에 얼떨결에 약속을 했는데 마음속으로는 진퇴양난의 기분이었습니다.

주일예배와 새벽기도회는 나오고 있었지만 앞서 언급하였듯이 술에 대한 미련을 버리지 못하고 있었습니다. 이전에도 몇 번이나 끊으려고 노력했으나 금단현상 때문에 삼일도 못 버티고

100% 실패로 끝나고는 하였습니다. 그러던 중 2008년 4월 중순 목사님께서 저희 가정에 심방을 오셔서 우리 가정에 필요한 말씀을 주신 후 사모님께서 제가 술을 너무 많이 먹어 몸 상태가 엉망이라고 말씀하시면서 안수해 주셨는데 신기하게 그날 이후 술을 먹고 싶은 생각이 없어지고 금단현상도 없이 깨끗하게 술이 끊어졌습니다. 또한 하나님 믿기에 걸림돌이 된 제사 문제도 목사님의 말씀을 통해 깔끔하게 정리해 주셔서 마음이 후련하였습니다.

처음에는 예배가 익숙하지 않고 어색하였으나 꾸준히 참석하다보니 대망교회에는 무언가 특별한 것이 있다는 것을 느끼게 되었습니다. 육체적으로나 정신적으로 온전하지 못한 분들이 많아서 교회보다는 종합병원 같은 느낌이 들었습니다. 또한 병원에서도 수술불가로 얼마 살지 못한다는 분들이 밝은 표정으로 다니며 찬양하고 즐거워하는 모습을 보면서 신기하다는 생각이 들었습니다. 먼 곳에서도 많은 사람들이 대망교회를 찾아오는 이유를 알게 되었습니다. 재훈이와 같은 자폐 아이들도 사모님의 안수와 기도로 차분하게 앉아 예배를 드리는 등 여러 가지 변화되는 모습을 확인할 수 있었습니다.

발령으로 인하여 경남 고성에서 근무하던 2010년 9월 중순경 몸이 너무 아파 병원에 갔더니만 감기몸살이라며 1주일만 치료하면 괜찮아질 것이라고 하였습니다. 그러나 아픔의 강도가 더해져서 병원을 옮겨 3주 동안 치료를 받았지만 차도가 없었습니다. 의사는 감기몸살 같은데 특이체질 같다는 이야기만 하였습니다. 한 달 동안 고생만 하다가 겨우 부산 집으로 왔으나 너무 아파서 주일예배에 참석하지 못하고 누워있었습니다. 아내의 말을 듣고 오후에 목사님과 사모님이 심방을 오셨습니다. 사모님께서 저를 보시더니 아픈 것이 예전에 술을 많이 먹어서 찾아온 후유증이라고 말씀하시며 검사해도 병명은 나오지 않는다고 하셨습니다. 안수해주시고, 한숨 자고나면 괜찮아질 것이라 하시면서 앞으로 이런 현상이 한 번씩 나타날 것이라고 하셨습니다. 이튿날 새벽에 일어나니 정말로 한 달 동안 고생하였던 아픔이 사라지고 상쾌하기 그지없었습니다. 건강한 몸으로 새벽에 부산에서 고성까지 버스를 타고 출근할 수 있었습니다.

2015년도에는 목 디스크가 재발하여 잠을 설치는 등 심하게 고생하였습니다. 부민병원에서는 4, 5, 6번 뼈가 좋지 않다면서 수술을 권유하였습니다. 저는 우리 사모님께 여쭤보고 수술하겠다고 대답하고는 병원을 나왔습니다. 그때 사모님께서 안수기도를 해주셨는데 2016년 4월 8일 양산 베데스다병원에서 받은 MRI 검사결과 이상이 없다는 판정을 받았습니다. 지금까지도 사모님께서 저의 몸 상태를 살펴주시고, 기도해 주시고, 안수해 주셔서 건강하게 직장 생활을 잘하고 있습니다. 본인의 몸을 아끼지 않으시고 교인들을 위해 기꺼이 상담과 안수와 기도로 예수님 사랑을 몸소 실천하시는 사모님 정말 감사합니다.

세상의 즐거움에 사로잡혀 허물뿐인 모습으로, 또한 진정한 기쁨이 무엇인지 알지 못하고 예수 믿기를 거부하며 믿는 자들을 괴롭히고 살았던 저였습니다. 저의 아내가 예수님 믿고 나서도 4년의 세월을 가정과 사회와 직장의 문제아로 살던 저를 하나님께서는 기다려주시고 이끌어주셔서 훌륭한 인품을 지니신 목사님과 사모님이 계시는 '세계를 살리고 먹이는 대망교회'로 인도해주셨습니다. 하나님, 이 모든 은혜를 진실로 감사합니다.

절망 중에 만난
소망의 하나님

✝

한석종 안수집사

오 할렐루야! 하나님께서 대망교회에 베풀어 주신 놀라운 치유와 회복의 역사를 인하여 하나님께 감사와 찬양과 영광을 올려 드립니다. 절망 중에 있지만 하나님을 기대하고 소망하는 모든 사람들에게 은혜가 되는 간증이 되기를 소망합니다. 하나님께서 대망교회를 통해 저와 저의 가정에 베풀어주신 은혜를 몇 장의 글로써 다 표현할 수 없지만 그 가운데 저와 저의 아들의 치유에 대한 간증을 나누고자 합니다.

저는 예수님을 모르는 집안에서 태어나 교회라고는 어릴 적 친구 따라 먹을 것을 준다기에 몇 번 따라 가본 것이 전부였습니다. 마음을 먹고 처음 교회를 나가게 된 계기는 대학입시를 치르고 나서였습니다. 아픈 허리로 인하여 허리디스크 수술까지 받았지만 계속되는 허리통증으로 인해 우울증으로 고생하던 시기에 대학생 선교단체에서 성경공부를 시작하면서 교회를 출석하게 되었고, 예수님께서 병자를 고쳐주신 이야기를 성경을 통해 알게 되면서 나도 예수님께 기도하면 고침 받을 수 있겠다는 소망을 갖게 되었습니다.

그러나 좋아졌다 나빠졌다를 반복하는 허리통증과 조금만 공부해도 너무나 피곤했던 저는 건강문제로 인하여 20대 젊은 시절을 우울하게 보냈습니다. 1997년 대학원 석사과정에 들어가게 되었는데 이때부터는 허리뿐만 아니라 목에서도 통증이 시작되었습니다. 조금만 공부해도 목에서 손가락 끝까지 전해지는 통증으로 인하여 공부를 제대로 할 수 없었습니다. 목 디스크인 것 같아 병원에 가서 검진을 받았지만 특별한 문제가 없다는 말과 신경이 예민해서 그러니 운동을 열심히 하라는 말만 들었습니다. 석사과정을 마치고 2000년 선교와 학업을 병행하고자 캐나다로 가게 되었습니다. 그러나 더욱 심해진 목의 통증으로 1년 만에 한국으로 돌아왔습니다. 한국에 돌아와 한의원, 병원 등 여러 곳을 다녀 보았지만 정확한 목의 통증의 원인을 찾지 못하였고 몸과 마음은 지쳐 갔습니다.

그때 건강문제로 절망과 슬픔 가운데 있던 저는 거제도에서 계셨던 홍예숙 사모님의 소식을 듣게 되었습니다. 하나님의 놀라운 치유와 능력의 소식을 듣고 사모님을 만나보고 싶은 소망이 생겼고 육체의 통증이 치유가 될까? 건강해 질수 있을까? 기대 반 의심 반으로 거제도로 내려갔습니다. 처음 뵌 사모님은 체구 는 작고 연약해 보이셨지만 그 속에서 뿜어져 나오는 영적 능력 은 모든 사람들을 압도하였습니다.

사모님은 처음 본 저를 보시고 귀를 안수해 주시면서 말씀하 셨습니다. "왼쪽 귀의 고막을 다쳐서 수술한 흔적이 있는데 수술 이 잘못되었네요." 저는 속으로 깜짝 놀랐습니다. 고등학교 3학 년 때 학교에서 왼쪽 귀를 다쳤었고 대학교 3학년 때 수술을 하 였지만 수술이 실패하여 왼쪽 귀가 잘 안 들리던 상태였습니다. 저만 알고 있는 이야기를 이분이 어떻게 아실까? 이분은 진짜구 나! 라는 확신이 생겼습니다.

사모님께서는 제 아픈 목을 안수하시면서 다시 말씀하셨습니 다. "이 병은 류마티스 관절염 질환인데 아주 특수한 경우입니다. 보통 목부터 시작되어 몸 전체로 진행되는데 몸이 점점 뻣뻣해지 고 나중에는 누워서 지내게 되는 힘든 병입니다. 병이 많이 심해 지면 그때 가서 여러 가지 검사를 해야 알게 되는 고치기 힘든 병입니다." "저는 어떻게 해야 하나요?"라고 사모님께 물어보았습 니다. 사모님께서는 "글쎄요. 열심히 기도하세요. 사람으로는 할 수 없지만 하나님께서는 하실 수 있습니다."라고 하셨습니다.

그곳에는 저 말고도 많은 병자들이 있었는데 모두들 절망 중 에서 희망을 찾고 있었고, 크고 작은 변화가 병자들 가운데 나 타나는 것을 눈으로 보면서 새로운 믿음의 차원을 경험하고 있없습니다. 저 또한 하나님을 믿는다는 것이 무엇인지, 참 믿음의 사람을 통해 하나님께서는 어떤 능력을 나타내실 수 있는지를 새롭게 깨달으며 영적무지에서 벗어나고 있었습니다. 집으로 돌아오는 길에 아픈 몸의 원인을 알게 된 것과 저곳에 가면 나를 지긋지긋하게 괴롭히던 통증에서 벗어날 수 있겠구나 하는 소망, 그리고 소자에게 베풀어 주신 사모님과 하나님의 은혜로 인하여 너무나 기뻐서 눈물이 났습니다.

이후 저는 목사님의 말씀과 사모님의 치유기도를 통해 목의 통증도, 허리의 통증도 없어지게 되었고 완전한 건강을 얻게 되었습니다. 결혼도 하여 사랑하는 아내와 아들, 딸을 낳고 대망교회를 섬기며 살고 있습니다. 하나님께서 못 다한 공부도 계속 하게 해주셔서 국내에서 박사과정도 마치게 되었습니다. 몸이 아플 때 꿈도 꾸지 못했던 일들을 하나님께서는 저의 인생가운데 허락하셨습니다. 대망교회를 통해 홍예숙 사모님을 통해 역사하신 하나님께 감사와 영광을 올려 드립니다.

하나님께서는 또 한 번 저희 가정에 사모님을 통하여 은혜를 베풀어 주셨습니다. 첫째인 아들 승록이는 하나님의 은혜로 2005년 4.3kg의 몸무게로 건강하게 태어났습니다. 약간의 아토피를 가지고 있었지만 특별한 문제 없이 교회와 주변사람들에게 사랑을 받으며 잘 자라났습니다.

승록이가 7살 되던 2011년 11월경 저의 아내로부터 승록이 다리에 빨간 반점이 많이 생겨 병원에 가봐야 한다는 연락을 받았습니다. 피부과 전문의는 어떤 병인지 잘 알아보지 못하였고 피부과 약만 처방해 주었습니다. 집에 와서 보니 승록이의 다리의 빨간 반점은 일반적인 피부병과는 달라 보였습니다. 동네 소아과 전문의를 통해 알게 된 승록이의 병명은 알레르기성 자반증이었습니다. 피부과 전문의도 한 번에 알아보지 못하는 일반적이지 않은 병이었습니다. 소아과 전문의는 큰 대학병원으로 가서 진단을 받아보는 것이 좋겠다는 말을 하면서 소견서를 써 주었습니다.

대학병원에 가기 전 홍예숙 사모님께 전화를 드려 상황을 설명드리고 교회에서 사모님을 만나 뵈었습니다. 사모님은 승록이의 상태를 보시더니 일단 대학병원부터 다녀오라는 말씀을 하셨고 걱정하지 말라고 하시면서 기도하시겠다고 하셨습니다.

양산 부산대학병원 응급실에서 피와 소변 검사를 하였습니다. 담당의사는 자반증의 경우 제일 위험한 것은 염증이 신장으로 침투되어 혈뇨가 나타나는 것이라고 하였습니다. 입원당시 승록의 소변 색깔은 짙은 콜라 색으로, 염증의 신장 침투가 의심되지만 여러 가지 검사를 하고 경과를 지켜봐야 한다고 하였습니다. 응급실에서는 당분간만 치료할 수 있으니 입원수속을 밟으라고 하였습니다.

다음날이 주일이어서 예배를 드리는 문제와 어떻게 해야 되는

지 알 수가 없어 하나님께 기도하고 사모님께 연락을 드렸습니다. 사모님께서는 제가 하나님의 치유에 대한 경험과 믿음이 있으니 주일에 다시 한 번 승록이를 안수해 보자고 하시면서 입원을 며칠 미루고 오라고 하셨습니다.

응급실에서 병의 심각성에 대해 설명을 듣고, 퇴원 관련 보호자 각서를 쓰고 아이를 데리고 집으로 돌아왔습니다. 제 상식선에서도 의사의 치료방법에 따라 병원에 입원해서 치료를 받아야 하는 것이 맞는 것이었지만 저의 병을 고쳐 주신 하나님께서 이번에도 사모님을 통해 승록이를 고쳐 주실 것이라는 믿음이 있었습니다. 하지만 승록이는 밤새 통증으로 많이 아파하였고 주일 아침에는 걸을 수도 없었습니다. 주일 오전 예배 전에 사모님께서는 승록이를 안수해 주시면서 병 줄기가 많이 잡힌다고 하시면서 하나님께서 많이 치료해 주신다고 하셨습니다. 오전 예배를 마치고 놀라운 기적이 일어났습니다. 예배를 마치고 나와 보니 승록이가 교회 마당에서 친구들과 뛰놀고 있었고, 아이 다리에 있던 붉은 반점들도 사라지고 없었습니다. 화장실에서 확인한 소변 색깔도 짙은 콜라 색에서 맑은 소변 색으로 돌아왔습니다. 할렐루야! 정상적인 소변 색깔이 얼마나 감사하던지요. 사모님께서는 승록이의 믿음이 좋다고 말씀하시면서 얼마 동안은 조심해야 하니 병원에서 약을 일주일 정도 처방받아 먹으라고 하셨습니다. 동네 소아과 의사선생님을 통해 약을 처방받아 먹었습니다.

하나님께서 승록이의 자반증을 치유해주신 이후로 5년이 지난 지금까지 승록이의 자반증은 한 번도 재발되지 않았습니다. 그런데 얼마 전 승록이의 몸에 알레르기가 생겨 병원 응급실에 가는 일이 생겼습니다. 피자, 치킨, 햄버거, 콜라를 좋아하는 승록이는 밤늦게 과식을 자주 하였는데 그로 인해 몸에 알레르기가 재발된 것 같았습니다.

사모님께서는 하나님께 치유 받았더라도 관리를 잘 해야 한다고 하셨고, 하나님께 치유 받은 은혜를 잊지 말라고 새롭게 깨닫게 해주시는 것이라고 말씀하셨습니다. 주일 사모님께 안수기도를 받고 치유기도를 통해 점점 깨끗하게 치유되었습니다.

다시금 하나님께서 고쳐주신 승록이의 자반증에 대해서 감사하게 되면서 인터넷에서 승록이와 같은 자반증을 가진 아이들에 대해서 검색해 보았습니다. 자반증에 걸린 아이와 부모가 이 병의 치료를 위해 얼마나 많은 시간과 돈을 들여 애쓰고 있는지…. 그럼에도 불구하고 잘 고쳐지지 않고 재발되어 고통받고 있는지 알게 되었습니다. 또 심해져서 만성으로 진행되거나 최악의 경우에는 신부전이나 백혈병으로 진행되기도 하는 무서운 병이었습니다. 당시 승록이의 경우는 소아 알레르기 자반증으로, 4명 중 1명꼴로 혈뇨가 나타나며 신부전으로 진행되는 최악의 경우에 해당되었던 것 같습니다.

하나님의 은혜가 얼마나 크고 감사한지요! 무지하고 어리석어서 받은 은혜가 어떤 것이었는지도 알지 못했습니다. 예수님의 죄 사함의 은혜도 그렇겠지요. 예수님의 피로 죄 사함을 받아 구원받았음에도 불구하고 그 큰 은혜를 당연하게 아무렇지도 않게 생각하고 살아가고 있었던 모습을 발견하게 되었습니다. 하나님, 저와 승록이 가운데 사모님을 통해 베풀어 주신 하나님의 은혜는 일평생 갚아도 모자라는 큰 은혜입니다. 하나님, 받은 은혜를 깨달아 알고 평생 감사하면서 하나님의 영광을 위해 대망교회를 위해 충성하는 일꾼이 되게 하옵소서.